L'UNION DE BERNE DE 1886

ET LA

PROTECTION INTERNATIONALE

DES DROITS DES AUTEURS ET DES ARTISTES

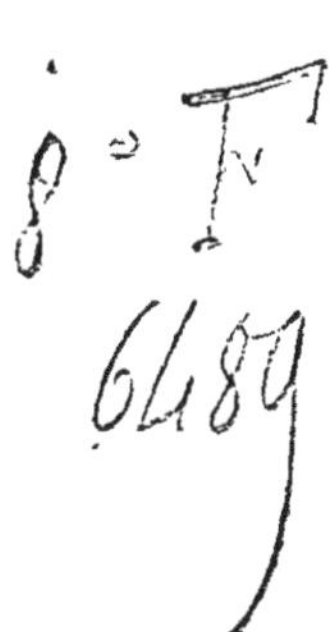

L'UNION DE BERNE DE 1886

ET LA

PROTECTION INTERNATIONALE

DES DROITS DES AUTEURS ET DES ARTISTES

SUIVIE DU TEXTE

DE L'AVANT-PROJET DE LA CONFÉRENCE DE BERNE DE 1883,
DE LA CONVENTION DÉFINITIVE DU 9 SEPTEMBRE 1886,
DE LA LOI ESPAGNOLE DU 9 JANVIER 1879 SUR LA PROPRIÉTÉ INTELLECTUELLE
ET DE LA LOI BELGE DU 22 MARS 1886 SUR LE DROIT D'AUTEUR

PAR

Lucien BASTIDE

Substitut du Procureur de la République.

PARIS

A. GIARD, LIBRAIRE-ÉDITEUR

16, Rue Soufflot, 16.

1890

L'UNION DE BERNE DE 1886

ET LA

PROTECTION INTERNATIONALE

DES DROITS DES AUTEURS ET DES ARTISTES

SUIVIE DU TEXTE

DE L'AVANT-PROJET DE LA CONFÉRENCE DE BERNE DE 1883,
DE LA CONVENTION DÉFINITIVE DU 9 SEPTEMBRE 1886,
DE LA LOI ESPAGNOLE DU 9 JANVIER 1879 SUR LA PROPRIÉTÉ INTELLECTUELLE
ET DE LA LOI BELGE DU 22 MARS 1886 SUR LE DROIT D'AUTEUR

PAR

Lucien BASTIDE

Substitut du Procureur de la République.

PARIS

A. GIARD, LIBRAIRE-ÉDITEUR

16, Rue Soufflot, 16.

1890

L'UNION DE BERNE DE 1886

ET LA

PROTECTION INTERNATIONALE DES DROITS

DES AUTEURS ET DES ARTISTES

INTRODUCTION

1. — La protection du droit reconnu à l'artiste sur son œuvre, à l'écrivain sur son livre, vient d'entrer, au point de vue des rapports de nation à nation, dans une phase nouvelle qui constitue un grand pas fait dans cette voie encore étroite, mais qui s'élargit beaucoup depuis quelques années, des accords internationaux. Ces progrès affirment chaque jour de plus en plus que l'homme étant partout identique à l'homme, la même loi peut lui être appliquée, quelle que soit son origine. Ils montrent aussi qu'il convient peut-être d'envisager avec plus de générosité et moins d'ironie dédaigneuse qu'on ne l'a fait souvent les théories et les aspirations de ceux qui pensent que, dans un avenir encore difficile à déterminer, la

même règle, la même loi pourra régir les peuples arrivés au même degré de civilisation.

La propriété littéraire et artistique devait nécessairement figurer au nombre de ces premiers essais d'entente quasi universelle, à raison de son caractère uniforme et simple qui s'oppose à l'*originalité* de chaque législation rendue sur cette matière et exclut la *diversité* de ces législations, en ce qui concerne tout au moins le fond même du droit. La pensée n'est-elle pas, en effet, de tous les peuples, et son expression, soit au moyen d'un écrit, soit sous la forme d'une œuvre d'art, n'est-elle pas un reflet de l'âme, une aspiration vers le beau par lequel tous les hommes se sentent unis dans une communauté d'admiration ? Le génie, le talent, la pensée peuvent se manifester sous différentes formes, peuvent se parer de couleurs variées : aux yeux du philosophe et du jurisconsulte, ils ne peuvent avoir de nationalité propre (1).

2. — La conséquence logique de ces idées conduirait à la création d'une loi universelle n'ayant pas plus de barrières que les arts et les lettres ne connaissent de frontières, et s'appliquant, sans distinction de lieux ni d'origines, à tous les écrivains, à tous les artistes. L'union signée à Berne, le 9 septembre 1886, quels que soient les progrès accomplis par elle, ne répond que très imparfaitement à ce vœu, car, d'une part, elle n'a pas ob-

1. La propriété littéraire et artistique a un caractère cosmopolite comme la pensée elle-même (Léon Renault).

C'est un des caractères principaux du droit de propriété littéraire que d'être essentiellement international (Laboulaye).

tenu l'adhésion de tous les peuples qui s'intéressent aux travaux intellectuels, et, d'autre part, elle ne contient pas, sur la matière, une règlementation complète pouvant se suffire à elle-même.

Il ne faut donc pas s'illusionner sur son importance et croire qu'elle mettra fin entièrement à cette *piraterie littéraire* qui, pendant si longtemps, a joui d'une complète immunité entre nations ; mais il ne convient pas non plus de se montrer ingrat envers cette œuvre de progrès qui prouve, ainsi que l'a dit M. Laboulaye, que « les nations, « mises en communication par les lettres, par les arts et « l'industrie, sont aujourd'hui solidaires sous le rapport « de la protection qu'elles accordent aux auteurs et aux « artistes. »

Ce n'est pas, du reste, sans de grandes difficultés que cette entente partielle a pu être réalisée. La reconnaissance du droit des auteurs et des artistes n'est pas ancienne, et la protection de ce droit entre gouvernements étrangers est encore plus récente. Avant de rechercher quel est l'état actuel de cette protection internationale, il est donc nécessaire d'indiquer ses précédents, ce qu'elle a été dans le droit ancien et dans le droit moderne, jusqu'aux premiers actes de législation actuellement en vigueur. Cette étude formera l'objet de la présente *Introduction*.

Pour sa plus grande partie, elle ne présente plus qu'un intérêt historique ; mais nous pourrons constater que si l'idée généreuse et équitable de protection absolue du droit de l'étranger, consacrée en France pendant la période révolutionnaire, n'a guère éveillé d'écho, tout d'abord, il s'est, du moins, produit, depuis quelques années, un fort courant protecteur qui a entraîné plusieurs peuples dont notre pays, aujourd'hui, pourrait, sur bien des points, envier la législation.

SECTION I

Antiquité et ancien droit.

3. — *Antiquité*. — Bien que l'idée d'un droit spécial existant au profit de l'écrivain et de l'artiste ne puisse guère présenter d'utilité qu'à partir de la découverte de l'imprimerie et de la gravure, il serait téméraire d'affirmer que cette idée fut entièrement inconnue de l'antiquité. Le « *tulit alter honores* » de Virgile, et les épigrammes de Martial à l'adresse de ceux qu'il désigne sous le nom de *plagiarii*, montrent que la contrefaçon trouvait déjà sa sanction dans l'opinion publique. La trouvait-elle également dans la loi? Le fait est assurément fort contestable, bien que le législateur d'alors ait prévu et réprimé spécialement le *vol de manuscrit* (1), ce qui, certainement, en dehors de la matérialité du fait, devait viser l'œuvre elle-même. Quoi qu'il en soit, du reste, il est certain qu'au point de vue international cette époque ne peut nous fournir aucun renseignement utile.

4. — *Ancien droit*. — S'il est vrai que le vol fut contemporain de la propriété, la contrefaçon dut voir le jour en même temps que la découverte de l'imprimerie (1436)

1. D., l. 72, *de furtis*, XLVII, 2.

et de la gravure (1), qui donnèrent naissance à la première forme de protection appliquée aux œuvres intellectuelles : le privilège.

La République de Venise paraît avoir été le premier gouvernement qui eut l'idée d'instituer cette garantie accordée uniquement, au début, aux libraires ou éditeurs, pour les œuvres anciennes (2). L'institution de ces privilèges a été assez vivement attaquée de nos jours. On les a souvent considérés comme des actes arbitraires, injustes, contraires au progrès. Peut-être serait-il plus exact de laisser de côté ce reproche pour lui en adresser un autre provenant de la réserve, de la parcimonie avec laquelle ces garanties étaient octroyées. En effet, ces privilèges, concédés parfois à perpétuité, protégeaient d'une façon très énergique (quelquefois même tragique) des droits équitables, surtout à partir du moment où ces privilèges cessèrent d'être uniquement concédés aux éditeurs, pour être attribués aux auteurs eux-mêmes. Le plus grand tort de ces concessions consistait plutôt dans les difficultés qu'il y avait de les obtenir, que dans leur existence même. En somme, comme l'a très bien montré M. Passy, c'était « le droit reconnu à titre d'exception, « louable en tant que droit, blâmable en tant qu'excep- « tion. »

Il est vrai qu'il faut arriver jusqu'au milieu du XVIIIe siècle, à la lutte des libraires de Paris et de la province,

---

1. Découverte vers le milieu du XVe siècle par M. Finiguerra.

2. Le premier privilège aurait été accordé en 1469 par le Sénat de Venise à Giov. Spira.

et au Mémoire de Louis d'Héricourt, pour voir germer et croître cette idée que le privilège devait être considéré comme une sanction du droit qui appartient à l'auteur sur sa création, et non pas comme une pure concession royale indépendante de toute considération d'ordre privé.

Les libraires de Paris, par la plume de l'habile canoniste, soutenaient le bon droit en affirmant tenir leurs prérogatives, non pas du roi et de ses privilèges, mais bien plutôt « des auteurs et des contrats passés avec eux. » Ils déclaraient donc qu'ils ne pouvaient être lésés par les libraires de la province au mépris de ces garanties. Ils l'emportèrent ; mais leur corporation en reçut une forte atteinte, car la victoire tourna entièrement au profit personnel des auteurs dont les droits furent, pour la première fois en France, régulièrement et solennellement affirmés par deux arrêts du 30 août 1777. Le premier, dans son article 5, portait : « Tout auteur qui obtiendra « en son nom le privilège de son ouvrage, aura le droit « de le vendre chez lui, sans qu'il puisse, sous aucun « prétexte, vendre ou négocier d'autres livres, *et jouira* « *de son privilège pour lui et ses hoirs à perpétuité*, pourvu « qu'il ne le rétrocède à aucun libraire, auquel cas la « durée du privilège sera, par le fait seul de la cession, « réduite à celle de la vie de l'auteur. »

Ces progrès, du reste, n'ont rien de particulièrement flatteur pour notre amour-propre national si l'on songe qu'à cette époque, depuis près de 100 ans, les Electeurs de Saxe (loi du 28 février 1686) avaient déclaré qu'ils protégeraient les ouvrages sans qu'il fut besoin d'obtenir des privilèges (1).

5. — En ce qui concerne les rapports internationaux, il paraît à peu près certain qu'un auteur pouvait acqué-rir protection pour son droit à l'étranger, en s'y faisant délivrer un privilège : le pape, l'empereur, les rois de France et d'Espagne, les princes d'Italie en accordaient aux étrangers (2). Toutefois, en France, si l'on peut citer l'exemple du hollandais Grotius qui obtint un monopole de 15 ans pour son *Traité de la paix*, publié en 1625 à Paris, plusieurs arrêts du Parlement, notamment un arrêt du 15 mars 1586 rendu à propos de l'impression du Sénèque augmenté des notes de Muret et édité d'abord à Rome, montrent que cette faculté n'était attribuée qu'aux étrangers qui publiaient leurs œuvres en France. Par application de cette théorie du *jus soli* sur lequel reposaient alors les principes de la nationalité, on assimilait aux œuvres françaises celles que les étrangers faisaient paraître chez nous. Pour les autres, la reproduction n'en était pas défendue et pouvait être faite par les éditeurs français sans privilège (3).

D'après une opinion émise, non sans quelque hésitation, par M. Darras, au n° 128 de son *Traité du droit des auteurs et des artistes dans les rapports internationaux*, les arrêts du 30 août 1777 auraient eu pour conséquence

1. Alcide Darras : *Du droit des auteurs et des artistes dans les rapports internationaux*, 1887, n° 131.

2. Darras, n° 121.

3. Voir toutefois Paquy : *Des droits des auteurs et des artistes au point de vue du droit international.* Thèse de doctorat, 1883, p. 12.

d'assimiler complètement les étrangers aux nationaux et de permettre aux premiers d'obtenir des privilèges en France pour leurs œuvres parues au dehors. L'auteur fait remarquer que ces arrêts, pour reconnaître le droit de l'écrivain, invoquent l'idée de travail, de droit naturel, et ne font aucune restriction. Cette opinion nous paraît fort douteuse. Il est difficile d'admettre qu'une réforme de cette importance ait pu être faite d'une façon aussi indirecte et aussi obscure. Nous persistons à croire qu'il faut arriver jusqu'à la Révolution pour voir consacrer le droit des étrangers.

6. — En matière artistique, la garantie prit également la forme d'un privilège. L'un des premiers fut celui accordé par Maximilien à Albert Dürer ; mais les droits reconnus aux étrangers semblent avoir été moins étendus qu'en matière littéraire.

Section II

Période de transition.

7. — La reconnaissance des droits de l'auteur et de l'artiste étrangers ne s'est pas manifestée en général par une brusque transition du système des privilèges au système de la protection, soit entière, soit restreinte, telle qu'elle existe actuellement chez les différents peuples dont nous avons à nous occuper. Les garanties internationales accordées aux œuvres de l'intelligence se sont développées plus lentement encore que celles reconnues au profit des au-

teurs nationaux. Nous avons à esquisser rapidement cette période qui nous conduira jusqu'à l'état actuel des différentes législations applicables en cette matière. Cet examen nous permettra, en ce qui concerne particulièrement la France, de démontrer que, contrairement à l'opinion généralement admise par la doctrine et la jurisprudence, les lois de la période révolutionnaire ont eu pour effet de proclamer d'une façon absolue que l'étranger pourrait, chez nous, invoquer les lois relatives à la propriété littéraire et artistique.

§ I.

France.

8. — La réforme s'opéra tout d'abord sur le droit de représentation théâtrale qui était entièrement méconnu et abandonné aux comédiens, malgré quelques règlements sur ce point, et notamment un arrêt du conseil rendu le 9 décembre 1780 et dû aux efforts de Beaumarchais. La loi des 13-19 janvier 1791 affirma le droit du dramaturge sur sa pièce, indépendamment de tout privilège, en déclarant, dans son article 3, que « les ouvrages « des auteurs vivants ne pourront être représentés sur « aucun théâtre public, dans toute l'étendue de la « France, sans le consentement formel et par écrit des « auteurs, sous peine de confiscation du produit total « des représentations au profit des auteurs. » L'article 5 de la loi accordait ce même droit aux héritiers ou cessionnaires de l'auteur pour une période de cinq années après sa mort.

9. — La loi des 19-24 juillet 1793, relative *aux droits de propriété des auteurs d'écrits en tout genre, des compositeurs de musique, des peintres et des dessinateurs*, vint compléter cette réglementation insuffisante. La durée de protection se trouvait portée à 10 années après la mort de l'auteur, au profit de ses héritiers, et les nouvelles garanties étaient soumises à l'accomplissement d'une formalité consistant dans le dépôt de deux exemplaires à la Bibliothèque nationale (art. 6).

Ces deux lois, ainsi que celle des 19 juillet-6 août 1791 complétant la première, forment encore actuellement, avec quelques lois postérieures qui les ont modifiées, le fond du droit interne de notre législation en matière de propriété littéraire et artistique. Nous n'avons donc pas à les étudier ici dans leur intégralité. Nous aurons à les examiner plus loin, sous ce rapport, dans les différentes parties de notre travail, à propos de l'étude des lois propres à chaque nation. Mais il nous semble qu'au point de vue de la protection internationale l'effet de ces lois a été presque entièrement méconnu par la pratique d'abord, et aussi par la très grande majorité des auteurs, car nous avons seulement deux noms, ceux de MM. Blanc (1) et Darras, à citer à l'appui de notre opinion.

10. — Les lois dont nous venons de rappeler la formation s'appliquaient-elles uniquement, soit aux citoyens français, soit aux œuvres parues en France ; ou bien, au contraire, leur bénéfice devait-il être étendu, même au profit des étrangers, sans autre condition que

1. Blanc, *Traité de la contrefaçon.*

l'accomplissement des formalités stipulées par l'article 6 de la loi du 19 juillet 1793? Telle est la question à laquelle on a répondu le plus souvent d'une façon étroite, comme si ces actes législatifs de la période révolutionnaire n'avaient pu s'inspirer d'autres idées que de celles de territorialité qui régissaient autrefois les privilèges.

Pour comprendre l'ensemble de cette controverse, il importe de distinguer le cas d'un étranger qui publie son œuvre en France, et le cas de l'étranger, ou même du français qui la publie à l'étranger. Après avoir exposé, sous cette division, les systèmes ordinairement suivis et que nous nous proposons de combattre, nous en présenterons la réfutation générale en suivant l'ordre chronologique des transformations législatives (1).

Premier cas. — *Etranger qui publie son ouvrage en France.*

11. — *Premier système.* — Dans une opinion défendue par Fœlix, mais qui comptait peu de partisans, on soutenait que, même dans cette hypothèse, en dehors d'un traité diplomatique ou de l'admission à domicile, l'étranger ne pouvait pas invoquer les lois sur la propriété littéraire ou artistique. — La loi de 1793, faisait-on remarquer, ne pouvait s'être occupée que des Français; le mot « citoyen » employé par son article 6 le démontrerait suffisamment. En outre, le droit d'auteur est un droit purement civil qui n'est par conséquent accordé à

---

1. Nous passons rapidement sur cette discussion qui n'a plus qu'un intérêt historique, depuis le décret du 28 mars 1852.

l'étranger, en vertu de l'article 11 du Code civil, que dans les deux hypothèses indiquées plus haut. — Si l'on objecte que cette théorie paraît être en contradiction avec le décret du 5 février 1810 contenant règlement sur l'imprimerie et la librairie, qui permet, par son article 40, aux auteurs, soit nationaux, soit étrangers, de céder leur droit relativement à tout ouvrage imprimé ou gravé, M. Fœlix répond (1) que ce décret vise seulement le cas de l'étranger cédant son droit à un Français. Il appuie cette considération en cherchant à démontrer que ce décret fût motivé par un procès assez retentissant, qui était engagé depuis quelques années, et dans lequel le tribunal correctionnel de la Seine, par un jugement du 21 avril 1809, avait déclaré qu'un étranger « n'avait pu « transmettre à ses cessionnaires français, une propriété « privative que lui-même n'aurait pu avoir en France « qu'autant qu'il serait venu s'y fixer et y publier son « œuvre (2). » Ce décret du 5 février 1810 n'avait donc eu pour but que d'admettre le Français cessionnaire de l'étranger à pouvoir agir en justice, mais sans reconnaître à l'étranger le droit d'exercer directement aucune action. — C'est ce qui fut admis implicitement par la cour criminelle de la Seine. Elle infirma le jugement du 21 avril 1809, tout en ajoutant que l'action intentée par le cessionnaire français n'aurait pu l'être par l'étranger cédant. Cet arrêt fut confirmé par un arrêt de rejet rendu le 23 mars 1810 par la Cour de cassation sur les conclusions conformes de Merlin (3).

1. *Revue de dr. fr. et étr.*, 1844, p. 760, n° 1.
2. Renouard, *Traité des droits d'auteur*, t. II, p. 205.
3. Renouard, *eod. loco*.

12. — *Second système.* — Dans le système le plus généralement suivi par les auteurs (1) et par la jurisprudence (2) sur ce point, on admettait l'étranger qui a publié son œuvre en France à invoquer les lois sur la propriété littéraire et artistique. — L'exposé de ce système
se confondant avec la réfutation du précédent, nous en
renvoyons l'examen aux n°ˢ 14 et s.

Deuxième cas. — *Etrangers ou français qui ont publié leurs
ouvrages à l'étranger.*

13. — « Sur cette grave question, dit Renouard (3), la
« loi se tait et la jurisprudence se divise. » Deux arrêts
en sens contraire ont été rendus sur ce point par la Cour
de cassation. Le premier, du 17 nivôse an XIII (Répertoire
de Merlin, v° *Contrefaçon*, § 10), refuse en France toute
protection à l'ouvrage qui a paru pour la première fois à
l'étranger. — Le second, du 30 janvier 1818 (Merlin,
Questions de droit, v° Contrefaçon, § 7), rendu à l'occasion
du journal de Cléry, ancien valet de chambre de Louis
XVI, reconnaissait que cet auteur avait pu faire imprimer son ouvrage à Londres sans perdre ses droits intellectuels en France. — Renouard, qui rapporte ces arrêts,
dit que leur conciliation pourrait peut-être se trouver
dans une distinction suivant laquelle la protection aurait
été accordée au Français, quel que fût le lieu de publi-

1. L. Renault, *Journ. de dr. intern. privé*, 1878, p. 119.
2. Paris, 22 nov. 1853 (Dal., 54. 2. 161).
3. T. II, p. 173.

cation de son œuvre, tandis qu'elle aurait été refusée à l'étranger qui ne faisait pas paraître son ouvrage en France. Mais ce terme de conciliation n'était pas admis ; la jurisprudence et la doctrine s'établirent fortement dans le sens de l'arrêt du 17 nivôse an XIII sans distinction de nationalité (1).

Pour soutenir que l'œuvre parue hors du territoire français n'a pas droit à être protégée contre les contrefaçons faites en France, on invoque les termes mêmes de la loi de 1793 dont l'article 6 débute par ces mots : « Tout citoyen qui mettra au jour un ouvrage, soit de lit- « térature ou de gravure... » Ces termes montrent tout d'abord, dit-on, que c'est au fait de la publication, et pas seulement à celui de l'impression, qu'on s'attache ; mais ils servent surtout à indiquer quel est le motif du droit exclusif accordé à l'auteur sur son ouvrage, ce motif réside dans le service que l'auteur rend à la société par l'apparition de son œuvre, et en échange de laquelle on lui garantit la propriété de sa production. Il est facile de voir dès lors que ce motif n'existant pas pour les œuvres publiées d'abord à l'étranger, la société française n'a pas de garantie à leur assurer.

On confirme cette théorie par un argument puisé dans l'article 426 du Code pénal qui punit comme fait de contrefaçon « l'introduction sur le territoire français d'ou- « vrages qui, *après avoir été imprimés en France, ont été* « *contrefaits chez l'étranger*. » Cette disposition montre, dit-on, qu'on s'attache uniquement à la nationalité de

----

1. L. Renault, *Journ. de dr. intern. privé*, 1878, p. 120 et s.

l'œuvre et qu'on n'a pas voulu protéger le livre imprimé à l'étranger (1).

Théorie de la protection absolue.

14. — Nous pensons avec MM. Blanc et Darras que les lois révolutionnaires de 1791 et de 1793, ainsi que le Code civil, permettaient à l'écrivain et à l'artiste non français de pouvoir invoquer le bénéfice de la protection, sans qu'il y eut à distinguer suivant le lieu d'apparition de leurs œuvres, et sans autre restriction, dans la sanction pénale, que celle, assez maladroite, qui peut être déduite de l'article 426 du Code pénal.

Cette solution nous conduira à soutenir cette thèse, assez étrange en apparence, que le décret du 23 mars 1852, si universellement applaudi comme une œuvre de large et généreuse émancipation, n'a rien innové en réalité et n'a fait que sanctionner une situation existant déjà légalement depuis plus d'un demi-siècle. Nous aurons ainsi restitué à la période révolutionnaire ce qui fut son œuvre et ce qui était si bien en rapport avec les nouveaux principes qu'elle a tant contribué à répandre dans le monde.

15. — Pour suivre l'ordre chronologique, remarquons d'abord que la loi des 13-19 janvier 1791 et celle des 19-

1. Cette opinion vient d'être rappelée, assez inutilement du reste, dans un arrêt de la Cour de cassation en date du 25 juillet 1887, à propos d'une affaire Grus c. Ricordi dont nous aurons à parler plusieurs fois (V. Dal. 1888, 1. 5).

24 juillet 1793 ne font pas de distinction relative à la nationalité de ceux à qui elles s'appliquent : toutes deux emploient le terme générique « les auteurs, » sans en restreindre la portée. En un mot, la lettre de la loi ne distingue pas ; en est-il de même de son esprit ?

Sans doute, si, par hypothèse, on reportait ces décrets à dix années en arrière, et qu'on cherchât à les expliquer, d'après les principes du droit international dominant à cette époque, on arriverait facilement à se convaincre que ces actes législatifs n'auraient pu être invoqués par les étrangers. Ces derniers, soumis aux droits d'aubaine et de détraction, ne jouissaient en France que des prérogatives comprises dans le *jus gentium*, et, précisément, à cette époque, on faisait du droit d'auteur un droit civil pur, un droit qui ne pouvait être sanctionné que par un acte du pouvoir royal, par l'obtention d'un privilège. Ce droit aurait donc été refusé aux étrangers, malgré la généralité des termes des décrets.

Mais en 1791 et 1793, la situation n'était plus la même, et le milieu juridique dans lequel ces actes furent rendus s'était considérablement transformé. La Constituante, dans le but de répandre les nouvelles doctrines de l'évolution sociale, et pour pousser les peuples voisins à l'émancipation, supprima la plus grande partie des droits civils dont l'étranger perdait la jouissance sur notre sol, et établit, à très peu de chose près, une assimilation complète avec le national sur ce point. Le décret du 6 août 1790, en abolissant les droits d'aubaine et de détraction, affirmait bien ces nouvelles idées, quand il déclarait : « L'assemblée nationale, considérant... que la

« France libre doit ouvrir son sein à tous les peuples de
« la terre, en les invitant à jouir, sous un gouvernement
« libre, des droits sacrés et inviolables de l'humanité, a
« décrété : Le droit d'aubaine et celui de détraction sont
« abolis pour toujours. » La Constitution du 3 septembre
1791 les rappela encore dans son article 6 en accordant
aux étrangers la jouissance des droits civils, qu'ils
soient ou non établis en France. On a pu, sous l'empire
de ces dispositions, critiquer leur trop grande générosité,
et montrer que le but qu'on se proposait d'atteindre ne
devait pas l'être et ne l'a pas été en réalité, mais on n'a
pas pu contester la portée même de ces dispositions.

C'est sous l'empire de ces influences que furent votés
les décrets de 1791 et de 1793 relatifs aux droits d'auteur,
et l'on affirme que pour eux, il faut se départir de ces
idées de tolérance si souvent accusées par nos législa-
teurs d'alors ! On oublie les termes, un peu pompeux il
est vrai, mais très significatifs, dont se servait le rapporteur de la loi du 13 janvier 1791, Chapelier : « La plus
« sacrée, la plus inattaquable, et la plus personnelle des
« propriétés, est l'ouvrage, fruit de la pensée humaine.»
Qu'on rapproche ces paroles de celles dont se servait le
législateur dans le décret du 6 août 1790 et la similitude
des expressions apparaîtra clairement. En tous cas c'est
bien la même pensée, et, aux yeux du rapporteur de cette
loi de 1791, les droits des auteurs sont sacrés, inattaqua-
bles, comme les droits de succession étaient sacrés, inviolables aux yeux du législateur de 1790.

Toutes ces garanties sont donc comprises dans la
grande catégorie des droits de l'humanité que notre Ré-

volution permettait aux étrangers d'invoquer librement en France.

16. — L'objection tirée des mots « citoyens » et « qui mettra au jour, » employés par l'article 6 de la loi du 19 juillet 1793, a peu de valeur. Ce n'est pas dans l'art. 6, tout d'abord, que se trouvent les principes de la matière, mais dans les articles du début qui sont absolument généraux. D'ailleurs, ce terme de citoyen n'était très souvent, à cette époque, comme l'indique Merlin (Quest. de droit, V° *Prop. litt.*, § 2), que le synonyme du mot « personne. »

Quant à l'autre membre de phrase incriminé, il n'exige en acune façon que la mise au jour ait lieu en France. Nous arrivons donc, pour la période intermédiaire, à cette solution, c'est que le droit des étrangers était reconnu en France, même pour les œuvres parues hors de notre territoire.

17. — Le Code civil a-t-il modifié cette situation ? Il est certainement impossible de le soutenir, car il est muet sur la propriété intellectuelle, et ce silence montre qu'il s'en réfère sur ce point aux lois de la période intermédiaire (arg. de l'art. 7 de la loi du 30 ventôse an XII).

Si, néanmoins, laissant de côté cet argument capital, nous voulions poursuivre plus loin cette justification, les moyens de preuve ne nous feraient pas encore défaut. Il est vrai que nous serions alors obligé de pénétrer dans l'une des plus célèbres controverses auxquelles le Code civil ait donné naissance, ce qui nous entraînerait bien

au delà des limites normales de cette étude. Contentons-
nous donc de dire, avec M. Darras (n°s 10 et s.), que le
droit de l'auteur sur son livre, de l'artiste sur son œuvre,
relevant des deux idées de travail et de personnalité humaine qui distinguent la propriété, doit nécessairement
constituer un droit naturel dont le bénéfice appartient à
tout étranger, même celui qui se trouve dans l'impossibilité d'invoquer un traité diplomatique ou son admission à prendre un domicile en France. Nous aurons par
là indiqué le système qui nous semble avoir été consacré
par l'art. 11 du Code civil, et, en même temps, sur notre
question spéciale de la propriété littéraire, nous aurons
repoussé l'opinion de MM. Aubry et Rau qui voient seulement dans cette propriété, « un droit tout particulier,
« qui ne saurait se comprendre que dans un état social
« donné, et qui de sa nature même se trouve, pour son
« établissement et sa conservation, soumis à la règle-
« mentation de la loi. » (1)

Si l'on ne devait compter parmi les droits naturels que
ceux qui ne sont pas par leur nature « soumis à la règle-
« mentation de la loi, » on en arriverait alors à se convaincre facilement que tous les droits sont civils. Nous
pouvons donc conclure, avec la Cour de Paris dans l'affaire Barba, que « la création d'une œuvre littéraire ou
« artistique constitue une propriété dont le fondement
« se trouve dans le droit naturel et des gens et dont
« l'exploitation est réglementée par le Code civil. (2) »

1. V. T. 2, p. 172, note 8.
2. V. Pouillet : *Traité de la propriété littéraire et artistique*, p. 22.

18. — En admettant même que la question ait pu donner lieu à quelques difficultés sous l'empire des lois de 1791 et de 1793 et sous le Code civil, il est étrange que ces doutes n'aient pas disparu pleinement en présence des termes si larges, si contraires à toute idée restrictive, employés par le décret du 5 février 1810. Il semble bien que ce décret, qui augmentait la durée de protection du droit, ait eu précisément en vue de faire cesser toute ambiguité quand il disait dans son article 40 : « Les auteurs, « *soit nationaux, soit étrangers, de tout ouvrage imprimé ou* « *gravé*, peuvent céder leur droit à un imprimeur ou li- « braire ou à toute autre personne, qui est alors substi- « tuée en leur lieu et place pour eux et leurs ayants- « cause. » Cet article ne confirme-t-il pas l'interprétation des textes antérieurs donnée par nous, et peut-on prétendre qu'il exigeait, pour son application, que la publication ait eu lieu en France ?

19. — Certains auteurs, qui admettent jusqu'ici notre raisonnement, s'arrêtent en présence des dispositions du Code pénal, et déclarent que l'article 426 de ce code leur paraît avoir eu pour effet d'apporter à la protection littéraire et artistique cette restriction que nos autres adversaires prétendent avoir été contemporaine des premières lois. Pour ces derniers, cet article 426 ne fournit qu'un argument de plus à ajouter à ceux que nous venons de réfuter.

Cette objection, indiquée par nous à la fin du n° 13, est loin d'être décisive. Il est d'abord étrange, et même un peu paradoxal, de soutenir que cet article, in-

séré dans un chapitre promulgué le 1er mars 1810, et
décrété le 19 février précédent, c'est-à-dire 14 jours
seulement après le décret du 5 février de la même année, ait eu l'intention d'apporter à ce dernier une modification d'une importance aussi grande, et cela par une
voie aussi indirecte, sans qu'il soit possible d'en trouver
des traces dans les travaux préparatoires.

Nous sommes assurément obligé de reconnaître, avec
la lettre de l'article invoqué, que le Code pénal n'inflige
les peines de la contrefaçon, au cas d'introduction sur le
territoire, que s'il s'agit d'ouvrages « qui, après avoir
« été imprimés en France, ont été contrefaits chez l'é-
« tranger; » il nous semblerait en effet peu juridique de
chercher à soutenir, surtout en une matière pénale, que
la loi a entendu parler seulement du cas le plus général.

Mais la conséquence que nos adversaires ont tirée de ce
texte, et que nous avons indiquée plus haut, repose sur
une confusion faite entre les règles du droit civil et celles du droit pénal. De ce que ce dernier ne réprime pas
comme un délit le fait d'introduire en France un ouvrage qui aurait été imprimé et contrefait à l'étranger, on en déduit cette règle de droit civil, à savoir
qu'aucune loi ne protège en France cet ouvrage contre
les reproductions non autorisées qui pourront en être
faites. C'est commettre une erreur, et c'est vouloir prétendre que le droit se confond avec la sanction pénale
à un tel point que si cette dernière disparait, le premier ne peut subsister seul. Le Code pénal n'a pas
eu pour but et ne peut avoir pour effet de modifier les
principes du droit civil ; s'il ne les sanctionne pas dans

toute leur étendue, il y a défaut de concordance et rien de plus.

Voyons, au reste, à quoi se réduit exactement cette disparité. En comparant les deux articles 425 et 426, il est facile de voir que les faits auxquels ils s'appliquent peuvent se ranger sous trois groupes distincts : le premier ayant trait à la reproduction ou contrefaçon proprement dite ; le second, s'appliquant au débit des ouvrages contrefaits ; le dernier enfin, prohibant l'introduction en France de certains ouvrages contrefaits. — L'article 425, relatif à la première catégorie, est conçu en des termes absolument généraux : « Toute édition d'écrits, « porte-t-il, de composition musicale, de dessin, de « peinture, *ou de toute autre production, imprimée ou gra-* « *vée en entier ou en partie,* au mépris des lois et règle- « ments relatifs à la propriété des auteurs, est une « contrefaçon, et toute contrefaçon est un délit. » D'après cet article, la reproduction non autorisée sera donc punie sans qu'il y ait à distinguer suivant le lieu où la publication de l'ouvrage a été faite. — De même l'article 426, au début, réprime le débit d'ouvrages contrefaits sans obéir à aucune idée restrictive inspirée par le principe de la territorialité ; il réserve l'influence de ce principe à un délit unique : l'introduction, sans que, du reste, nous puissions donner une explication logique de cette limitation. On ne punira pas l'importation d'une contrefaçon d'un ouvrage étranger, mais on en défendra le débit comme on aurait défendu l'impression faite frauduleusement en France de cet ouvrage. Voilà la seule portée qui aurait dû être attribuée à cet article disparate (1).

Ajoutons immédiatement, pour terminer cette discussion, que, même dans le système de ceux qui, à l'imitation de la jurisprudence, refusaient l'application des lois sur la propriété littéraire et artistique aux ouvrages publiés à l'étranger, rien ne devait empêcher les étrangers, à défaut de la protection des lois spéciales, de se prévaloir du bénéfice de l'article 1382, lequel constitue bien évidemment une règle de droit naturel et des gens, et partant, qui peut être invoqué par tous.

20. — En résumé, nous voyons donc que la portée des textes législatifs dont nous venons de rappeler les dispositions a été généralement mal comprise, et interprétée avec cet esprit d'exclusivisme qui caractérisait l'ancien droit. Les protestations contre cette fausse conception ont été aussi rares dans la pratique que dans la doctrine. M. Blanc cite toutefois deux décisions judiciaires dans lesquelles nous sommes heureux de voir l'application du système de large protection que nous venons de défendre. (2)

Ces raisonnements n'ont pas entraîné la jurisprudence, et, jusqu'au décret-loi du 23 mars 1852, l'on a persisté à refuser protection en France pour les œuvres parues à l'étranger. Après plusieurs essais de rédaction législative, après plusieurs appels éloquents à la généro-

1. V. dans ce sens : Chauveau et Faustin Hélie, 5e édition, t. 6, p. 46.

2. V. Blanc : *Traité de la contrefaçon*, p. 35.

sité nationale sur lesquels le cadre de cette étude ne nous permet pas d'appuyer (1), on reconnut enfin que le meilleur moyen d'inviter les peuples étrangers à supprimer une contrefaçon dont nos auteurs avaient tant à souffrir était d'offrir à ces peuples, chez nous, une garantie absolue contre cette piraterie littéraire, si heureusement qualifiée par Saint-Marc-Girardin, à la séance du 10 avril 1845, de droit d'aubaine appliqué aux vivants. Ce décret, dans son article 1, déclarait : « La contrefaçon sur le « territoire français, d'ouvrages publiés à l'étranger et « mentionnés en l'article 425 du Code pénal, constitue « un délit. » Il fut universellement salué comme une œuvre de progrès considérable, comme un acte d'humanité. La propriété littéraire et artistique semblait avoir reconquis ses droits, comme autrefois, un peu plus d'un demi siècle auparavant, l'humanité avait revendiqué les siens. Pour nous, au contraire, on comprendra aisément que ce monument de droit n'éveille aucun écho d'enthousiasme sous notre plume, car nous pensons qu'il n'y avait pas lieu de créer ce qui existait déjà. Nous devons néanmoins reconnaître l'effet salutaire produit par cette loi qui fut presque unanimement considérée comme marquant une ère nouvelle dans le droit français sur notre matière.

Quoi qu'il en soit sur ce point, l'opinion développée par nous n'ayant plus qu'un intérêt historique, puisqu'elle a été presque universellement rejetée, nous se-

---

1. On en trouvera l'exposé dans Paquy, *loc. cit.*, p. 41; V. également Darras, n⁰ˢ 169 et s. ; L. Renault, *Journ. de dr. int. pr.*, 1878, p. 123 et s.

rons obligé de tenir principalement compte du décret de 1852, quand la suite de ces explications nous ramènera à l'étude des dispositions de nos lois. Sans abandonner nos convictions, nous nous placerons sur le terrain même de la jurisprudence pour discuter ses solutions ; autrement, ce travail perdrait, au point de vue de l'utilité pratique, ce qu'il pourrait gagner sous le rapport de l'unité juridique et de l'homogénéité de la dialectique.

§ II

Etranger.

21. — Avouons que la pensée généreuse qui présida à l'élaboration de ce mémorable décret, ne fut pas exempte, dans une certaine mesure, d'une idée d'intérêt d'un ordre plus privé. La modification nouvelle avait suscité des détracteurs, apôtres du *statu quo*, calculateurs-gérants qui démontraient que donner sans recevoir constitue un acte de libéralité dépassant les bornes d'un libéralisme sainement entendu. C'est sur ce terrain même que les faits leur ont donné tort, et c'est là une justice qu'il faut rendre à la mesure ordonnée par le Prince Président : elle a produit en Europe une poussée immédiate et très forte dans la voie de la protection internationale.

Il faudrait se garder de croire, en effet, qu'avant 1852, il n'y eut que la France qui copiât l'étranger. Elle souffrait beaucoup plus du plagiat qu'elle n'en vivait. Depuis longtemps déjà, elle exerçait sur le monde intellectuel une hégémonie qu'elle ne semble pas encore vouloir abdiquer aujourd'hui. Elle fournissait le marché littéraire et artistique de plus d'un peuple trop pauvre pour vivre à l'aide de ses seuls revenus.

22. — La Belgique, l'Autriche et les États-Unis d'Amérique remplissaient alors, et remplissent encore pour ce qui concerne ces derniers, ce rôle de pourvoyeurs non patentés de l'intelligence, que jouaient, plus particulièrement, au siècle dernier, la Suisse, Avignon et les Pays-Bas (1). .

23. — La librairie belge était prospère ! Les lois du 23 septembre 1814, du 25 janvier 1817 et du 21 octobre 1830 qui réglaient la question de propriété littéraire et artistique au point de vue international, ne protégeaient que les œuvres parues dans le pays. Son voisinage de la France favorisait particulièrement pour la Belgique ce genre spécial de piraterie terrestre. De puissantes associations syndicales, une main d'œuvre peu élevée, l'absence de droit d'auteur à payer, permettaient aux libraires belges d'inonder ouvertement l'Europe, et même la France, par la vente sous le manteau, d'éditions à bon marché propageant traîtreusement les ouvrages de nos auteurs en vogue. Et cependant, la qualification sévère que de tels faits méritent, nous n'osons pas la formuler, en pensant que c'est grâce à ce procédé que nos pères

1. C'est ainsi qu'en Hollande, au siècle dernier, par une sorte d'accord tacite, les Elzévir s'étaient attribué le monopole des contrefaçons françaises.

pouvaient lire les chansons de Béranger, les pamphlets de P.-L. Courier, les poèmes de Barthélemy et Méry qu'une censure méfiante marquait d'un sceau éveillant la curiosité et garantissant le succès.

A partir de 1852, du reste, la Belgique entra résolument dans la voie des réformes. La convention du 22 août 1852, passée avec la France, porta un coup fatal à la contrefaçon. Depuis lors, la Belgique signa plusieurs conventions qui aboutirent à ce résultat bizarre d'accorder aux étrangers, dans ce pays, des droits plus étendus que ceux des nationaux eux-mêmes. Après quelques tentatives infructueuses, ce défaut d'harmonie vient de disparaître par la promulgation d'une loi récente (26 mars 1886) qui peut, sous beaucoup de rapports, être considérée comme un modèle, et sur laquelle nous aurons à revenir.

24. — La même indulgence plénière ne peut pas être accordée aux Etats-Unis d'Amérique qui ne sont pas encore entrés dans la voie du repentir. Nous n'avons pas à pénétrer ici dans le détail de la protection reconnue par ces Etats aux œuvres de l'esprit. Contentons-nous de dire que, commencée vers 1783, cette protection, au point de vue international, ne s'applique qu'aux étrangers résidant dans le pays. Cet état de choses ne s'est pas modifié depuis la loi générale du 31 mai 1790. — L'Angleterre commence à se lasser d'une situation qui, à raison de la communauté de langue, donne à l'Amérique des moyens de contrefaçon aussi commodes que ceux qu'avait autrefois la Belgique à l'égard de la France. —

La contrefaçon, dans ce grand pays, prend des proportions étranges qui ne déparent pas le caractère national : « Sarah Barnum », de Marie Colombier, a été traduit et contrefait, aux Etats-Unis, dans les 24 heures qui ont suivi sa publication.

25. — En Allemagne, le *Traité sur la propriété littéraire* du jurisconsulte Pütter, d'Augsbourg, paru en 1774, et dans lequel il assimilait la contrefaçon des auteurs étrangers à une infidélité commise envers un citoyen, trouva quelque écho dans les différents états de la Confédération Germanique. — Dès 1791, le Code Général des Etats Prussiens posait le principe de la réciprocité pour les droits à accorder aux auteurs étrangers (art. 1033), en exceptant toutefois les traductions.

En 1815, l'article 18 de l'Acte fédéral du 8 juin, voté au Congrès de Vienne, disait qu'une législation uniforme sur les garanties des auteurs et libraires contre les contrefaçons serait élaborée dans la réunion suivante. Ce n'est toutefois qu'en 1832, par la résolution du 6 septembre, que ce vœu fut réalisé. On décida que chacun des Etats confédérés, qui étaient alors au nombre de 40, assurerait aux écrivains et artistes des autres Etats confédérés la même protection qu'à ses nationaux. C'était l'application du *jus soli*. Cette clause, étendue par l'Autriche à tous ses États, en 1836, mit fin au commerce de contrefaçon qui s'y exerçait librement au préjudice des ouvrages allemands.

26. — Ce principe de réciprocité que nous venons de voir appliquer par le Code prussien, fut également posé

par la Grèce, en 1833, et par la Suède, en 1844 (loi du 11 novembre). — Le Danemark le professa dans une ordonnance du 7 mai 1828, mais il constituait un pas en arrière fait dans ce pays, car, en vertu de l'ordonnance du 7 janvier 1741, la contrefaçon des œuvres étrangères était défendue sans condition de réciprocité (1).

27. — C'est en Angleterre que fut promulgué le premier acte législatif qui sanctionna en Europe la propriété littéraire connue sous le nom de *Copyright*. Le statut de la 8ᵉ année de la reine Anne (1710, Ch. 19) accordait à l'auteur sur son œuvre un droit d'une durée de 14 années pouvant être doublée si, à son expiration, l'auteur vivait encore (2). Mais ce statut n'était pas applicable à l'Irlande que Richardson, dans une de ses lettres (1753), nous montre se livrant à une reproduction fiévreuse des ouvrages anglais.

L'Angleterre ne possède pas encore de loi uniforme sur la matière que nous étudions. Sans parler des coutumes auxquelles le juge peut encore se référer dans certains cas, les règles de la propriété littéraire et artistique se trouvent éparses, dans une quinzaine d'acts, dont quelques-uns, toujours en vigueur, remontent déjà loin.

1. V. Darras, p. 191.
2. Même avant le statut de la reine Anne, les tribunaux, en vertu du *Common-Law* et des règles de l'équité, reconnaissaient le droit des auteurs; et, pendant les 50 premières années qui ont suivi ce statut, ils ont continué à délivrer des injonctions au profit des auteurs pour qui la durée de protection statutaire avait pris fin. — V. Darras, p. 18, note 1, et nᵒˢ 135, 148, 157. — V. également Pappafava, *Bull. soc. lég. comp.*, 1883, p. 515.

Nous n'avons pas à préciser ici l'état actuel de cette législation, où l'absence de cohésion rend les recherches très difficiles. Disons seulement qu'à l'origine, comme cela a lieu du reste encore actuellement en principe, la jurisprudence ne protégea, au point de vue international, que les ouvrages publiés en Angleterre par des étrangers. — Le *The international copyright bill* du 31 juillet 1838, modifié par le bill du 10 mai 1844, donna toutefois à la reine le droit d'accorder, par une ordonnance collective ou particulière, la garantie de leurs œuvres aux auteurs ou artistes publiant à l'étranger et appartenant à une nation avec laquelle il y aurait réciprocité.

Section III.

Conventions internationales et formation de l'Union de Berne.

28. — Cette diversité dans les législations, et cette réserve apportée par beaucoup d'entre elles dans la protection des ouvrages produits à l'étranger montrent l'importance qu'il est juste d'attribuer à ces ententes internationales auxquelles notre matière a donné lieu, dans le courant du XIXe siècle, particulièrement dans les cinquante dernières années, et qui, pour le plus grand nombre, viennent de se fondre en partie dans la grande convention signée à Berne le 9 septembre 1886. Ces accords, en dehors de l'utilité pratique immédiate qu'ils peuvent procurer aux parties contractantes, offrent encore cet avantage, plus indirect, mais d'une portée plus haute

peut-être, de répandre et de faire connaître les dispositions législatives des peuples qui savent s'inspirer des
idées de liberté pour assurer au travail, sous toutes ses
formes, la rémunération à laquelle il a droit. Ajoutons aussi
que les négociations qui précèdent ces traités font naître
souvent, de part et d'autre, une certaine émulation nationale qui pousse chaque État à ne pas rester en arrière
dans la voie du progrès, et qui se traduit ainsi fréquemment par un nouveau pas fait dans la direction de ce but
désirable : la reconnaissance absolue du droit de l'é-
tranger.

29. — C'est chez les peuples unis entre eux par un lien
fédératif qu'il faut rechercher l'origine de ces conventions
qu'une communauté de langue, de littérature, d'esthétique, rendait plus nécessaires. Le décret français du 19
juin 1811 en était le prélude quand il disposait, dans
son article 2 : « Les auteurs français et italiens, ainsi
« que les héritiers des uns et des autres, jouiront réci-
« proquement comme s'ils étaient nationaux, dans toute
« l'étendue de notre empire et du royaume d'Italie, des
« droits d'auteurs assurés par l'article 39 de notre décret
« du 5 février 1810. » La situation de l'Italie vis-à-vis de
la France permettait, à cette époque, de régler, par un
décret, cette matière.

La Prusse, impatiente de voir se réaliser le vœu formulé par l'acte fédéral du 8 juin 1815, (voir *suprà* n° 25),
inaugura la pratique des conventions en signant, dans le
courant des années 1827, 1828 et 1829, des accords avec
la plupart des États composant la Confédération germa-

nique, notamment avec la Bavière, le Hanovre, la Saxe, le duché de Bade..., etc. L'existence de ces traités fut, il est vrai, de courte durée, car l'arrêté de la Diète de 1832 (v. n° 25) les rendit inutiles ; mais l'impulsion avait été donnée, et l'exemple fut suivi. — Les États d'Italie ne tardèrent pas à proclamer l'internationalité de la propriété littéraire, et, le 22 mars 1840, l'Autriche et la Sardaigne s'unirent par une déclaration de réciprocité qui formait du reste le fond de tous ces traités. (1)

30. — La France entra aussi dans cette voie. Le traité de commerce et de navigation signé à Paris, avec les Pays-Bas, le 25 juillet 1840, déclarait, dans son article 14, que la propriété littéraire serait réciproquement garantie et qu'une convention spéciale déterminerait ultérieurement les conditions d'application de ce principe. Cela ne fut exécuté que 15 ans plus tard (traité du 29 mars 1855). —Dans l'intervalle, et avant le décret du 23 mars 1852, quatre conventions furent signées par nous : le 28 août 1843, avec la Sardaigne qui venait alors au troisième rang dans les exportations de la librairie française (après la Belgique et la Confédération germanique); le 12 avril 1851, avec le Portugal ; le 20 octobre 1851, avec le Hanovre ; le 3 novembre 1851, avec l'Angleterre. Cette dernière convention a vécu jusqu'à la mise en vigueur de l'Union de Berne (V. n° 63). Quant aux trois premières, des traités postérieurs les ont remplacées.

1. Pour l'indication des premièies conventions signées par les États étrangers entre eux. V. L. Renault, *Journ. de dr. int. pr.*, 1878, p. 455.

L'intention libérale et l'aspect chevaleresque du décret de 1852 facilitèrent au gouvernement français, dans la suite, les négociations dont le nombre s'accrut rapidement (1). Celles passées en 1880 avec le Salvador et l'Espagne peuvent être considérées comme étant les plus parfaites. Il convient également de mettre au premier rang les traités signés par l'Espagne, dans cette même année 1880, avec différents États européens, en exécution de l'article 51 de la loi du 10 janvier 1879 sur laquelle nous aurons souvent à revenir (2).

1. Les principales conventions signées par la France postérieurement au décret de 1852 sont les suivantes : avec la Belgique, traité du 22 août 1852 renouvelé le 1er avril 1861 et transformé le 31 octobre 1881 ; avec l'Espagne, 15 novembre 1853, modifié le 16 juin 1880 ; avec les Pays-Bas, 29 mars 1855 et arrangement complémentaire du 27 avril 1860 ; cette convention, qui avait cessé d'être applicable à partir du 15 mai 1882 a été renouvelée par la déclaration du 19 avril 1884 qui a étendu son application aux œuvres musicales en attendant une réglementation plus complète ; avec la Russie, 6 avril 1861 ; ce traité a été dénoncé par la Russie le 19 février 1885 et a pris fin le 14 juillet 1887 ; avec l'Italie, 29 juin 1862, ce traité a été transformé le 9 juillet 1884 ; avec la Suisse, un premier traité fut signé le 30 octobre 1858 avec le canton de Genève ; une convention générale intervint le 30 juin 1864 et fut transformée le 23 février 1882 ; avec le Luxembourg, 16 décembre 1865 ; avec le Portugal, 11 juillet 1866, remplacé par la convention du 19 décembre 1881 ; avec l'Autriche, 11 décembre 1866, prorogé indéfiniment par la convention du 18 février 1884 ; avec le Salvador, 9 juin 1880 ; avec la Suède et la Norvège, convention commerciale du 30 décembre 1881 à laquelle est adjointe la convention littéraire, en attendant un accord spécial sur ce point ; la Suède seule a signé un traité le 16 février 1884, il est uniquement relatif aux formalités ; avec l'Allemagne, traité du 19 avril 1883 qui a remplacé les différentes conventions passées antérieurement avec les états composant actuellement l'empire, et notamment, la convention de 1862 avec la Prusse.

2. En 1880, l'Espagne, en dehors du traité du 16 juin avec la

31.—Il faut reconnaître, quelles que soient l'importance et l'utilité que l'on veuille attribuer à ces conventions, qu'elles ne pouvaient pas constituer un système de protection internationale suffisant, à raison de leur diversité, de leur instabilité, et même à raison des complications que ces deux caractères apportaient souvent dans leur exécution. La propriété littéraire et artistique se présentant toujours avec les mêmes caractères, l'idéal serait, ainsi que le réclamait Lamartine à la chambre des députés, dès 1841, la création d'un droit international applicable chez tous les peuples civilisés. C'est là un vœu que les auteurs et les artistes se plaisent souvent à formuler et à renouveler dans ces assemblées de délégués de l'intelligence que quelques peuples convoquent à de certains intervalles pour discuter les difficiles problèmes que soulève cette idée de l'unité législative.

La Belgique, l'ancien repaire de la contrefaçon, fut la première à encourager ces assises internationales où il est toujours salutaire d'affirmer les principes en attendant leur application. Un congrès littéraire et artistique, réuni à Bruxelles du 27 au 30 septembre 1858, après avoir rendu hommage à l'esprit libéral du décret français du 23 mars 1852, déclara que « le principe de la reconnais-
« sance internationale de la propriété des œuvres litté-
« raires et artistiques en faveur de leurs auteurs doit
« prendre place dans la législation de tous les peuples
« civilisés. Ce principe doit être admis de pays à pays,
« même en l'absence de toute réciprocité. » Le même

France, a signé des conventions avec la Belgique (26 juin), l'Italie (28 juin), le Portugal (9 août), l'Angleterre (11 août).

vœu était encore formulé par un second congrès réuni à Anvers en 1861, et par un congrès artistique réuni dans la même ville, en 1877, à l'occasion des fêtes de Rubens (1).

32. — L'année suivante, les fêtes de l'exposition internationale de Paris donnèrent à la Société des Gens de lettres l'occasion de réunir dans cette ville le premier congrès littéraire qui s'assembla en France. Victor Hugo en fut élu président. Le gouvernement compléta l'œuvre de la Société des gens de lettres en convoquant deux conférences, l'une pour les œuvres artistiques, qui fut présidée par Meissonnier, l'autre pour les œuvres industrielles. Les deux premiers de ces congrès ont émis le vœu d'une union internationale, et la conférence littéraire en hâta beaucoup la réalisation en créant, dans la séance du 27 juin, une *Association littéraire internationale*, qui, depuis cette époque, a tenu chaque année ses séances dans les capitales ou les villes principales des différents peuples représentés : à Londres, en 1879 ; à Lisbonne, en 1880 ; à Vienne, en 1881 ; à Rome, en 1882 ; à Amsterdam avec session extraordinaire à Berne, en 1883 ; à Bruxelles, en 1884, où la conférence s'étendit et devint l'*Association littéraire et artistique internationale* ; à Anvers, en 1885 ; à Genève, en 1886 ; à Madrid, en 1887 ; à Paris, en 1889.

1. Ce congrès vota même à l'unanimité une motion priant l'Institut de droit international de Gand d'élaborer un projet de loi universelle sur la propriété artistique. L'Institut, réuni cette même année à Zurich, accepta cette mission, mais son exécution ne s'est pas encore réalisée et paraît même abandonnée.

33. — C'est à la session tenue à Rome, en 1882, qu'il importe de faire remonter l'origine de l'Union diplomatique de Berne. La délégation allemande, par la voix du docteur Paul Schmidt, se basant sur ce que la « néces-« sité de la protection intellectuelle est la même dans « tous les pays », proposa la formation d'une conférence destinée à préparer la création d'une convention générale. Cette proposition fut acceptée et la réunion nomma une commission qui élabora un projet en 10 articles soumis à la session extraordinaire tenue par l'Association, en 1883, à Berne, sous la présidence de M. Numa Droz, conseiller fédéral, président de la confédération suisse, en 1887. Le projet, approuvé par la conférence, et légèrement transformé par le gouvernement fédéral, pour lui donner la forme d'un acte diplomatique, fut transmis par les soins de ce gouvernement, le 8 décembre 1883, aux puissances étrangères qui étaient invitées à formuler leurs observations et à nommer, pour l'année suivante, des délégués officiels (1).

34. — Le 8 septembre 1884 s'ouvrit à Berne la première conférence diplomatique. L'Allemagne, l'Autriche-Hongrie, la Belgique, Costa-Rica, la France, la Grande-Bretagne, Haïti, les Pays-Bas, la Suède et Norwège et la

1. Pour étudier les travaux préparatoires de l'Union de Berne, consultez : Darras, n°s 428 et s., — Ed. Clunet, *Etude sur la Convention d'Union internationale*.... etc., 1887, — Numa Droz, *Journ. d. dr. int. pr.*, années 1883, 1884, 1885, 1886, 1887. — « *Le droit d'auteur* » (Journal du bureau de l'Union, n°s 1 et s., janvier 1888), d'Orelli, *Revue de dr. int. pr.*, 1884, p. 533 et 1886, p. 35. — Ch. Soldan, *Rev. gén. d. dr.*, 1887, p. 398.

Suisse y étaient représentés. Le projet de 1883 fut discuté et modifié dans un sens moins libéral, ce qui s'explique par cette considération que « dans un congrès, on
« affirme les principes les plus absolus ; dans une con
« férence, qui veut, qui doit aboutir à un contrat, on ne
« peut que s'en tenir aux principes généralement ad
« mis (1)». Ce projet de convention fut transmis par le gouvernement fédéral aux états étrangers pour le faire étudier.

35. — Il fut très vivement attaqué en France par le
Syndicat des sociétés littéraires et artistiques qui l'accusait de n'être pas un progrès, et de constituer plutôt « un
« recul très sensible comparé aux conditions des con
« ventions espagnole, belge, suisse...» et qui ajoutait
que la France n'avait aucun intérêt à y adhérer (2). Ces
critiques beaucoup trop exagérées n'eurent heureusement pas le résultat d'écarter notre pays de l'Union. M.
Numa Droz les réfuta avec énergie et talent en montrant
qu'il était impossible d'arriver à une entente si les peuples les plus avancés se refusaient à faire des concessions qui, sans constituer de leur part aucune abdication
de principes admis, pouvaient rassurer et satisfaire les
pays arriérés qu'une transformation trop brusque effrayait (3). Ce projet, du reste, laissait subsister les traités plus protecteurs et laissait aux parties contractantes

1. L. Ulbach. *Nouvelle Revue*. T. 31. p. 57.
2. V. les observations du syndicat dans le *Journ. d. dr. int. pr.*,
1885. p. 72.
3. V. *Journ. d. dr. int. pr.*, 1885, p. 163.

e droit d'en conclure de semblables ; il n'immobilisait donc pas la propriété intellectuelle.

36. — Le 7 septembre 1885, une seconde conférence diplomatique se réunit à Berne sous la présidence de M. Numa Droz. L'Espagne, l'Italie, la République Argentine, le Honduras, le Paraguay, la Tunisie se firent représenter ; les États-Unis envoyèrent des délégués *ad audiendum*. L'Autriche et la République de Costa-Rica s'étaient retirées (1). La France seule avait fait parvenir des contre-propositions sur différents points que nous aurons à examiner plus loin. Les délégués maintinrent en principe l'ancien projet en donnant à l'accord le titre d'*Union pour la protection des œuvres littéraires et artistiques*. Il fut en outre décidé qu'une dernière conférence se réunirait à Berne en 1886, dans le but de transformer le projet en un acte diplomatique, mais sans qu'il pût être l'objet d'une modification. Il devait être voté ou repoussé dans son ensemble.

37. — Quarante-cinq états étrangers en reçurent communication de la part du gouvernement fédéral. Dix seulement se firent représenter par des délégués munis de pleins pouvoirs. C'étaient l'Allemagne, la Belgique, l'Espagne, la France. la Grande-Bretagne, Haïti, l'Italie, la République de Libéria, la Suisse, la Tunisie. Le Japon et les États-Unis envoyèrent des délégués *ad audiendum*. Les séances, ouvertes le 6 septembre 1886, se terminèrent le

1. Voir, au sujet de cette conférence : Droz, *Journ. d. dr. int. pr.*, 1885, p. 481 ; et d'Orelli, *Rev. d. dr. int.*, 1886, p. 35.

9, jour de la signature du traité. L'œuvre de 1885 ne fut
pas modifiée.

38. — Ainsi se trouvait réalisée, grâce aux efforts et
au concours précieux du gouvernement suisse, l'idée d'u-
nification dont l'Association littéraire et artistique internationale avait eu l'initiative dans sa session de Rome.
La propriété littéraire et artistique se trouvait dotée d'une
Union analogue à celles qui ont été signées à propos du
mètre, des monnaies, des postes et télégraphes, enfin de
la propriété industrielle. Cette dernière, dont le principal
promoteur avait été M. Bozérian, fut conclue le 20 mars
1883. Plus de 17 états en font aujourd'hui partie et son
bureau, comme celui de l'Union du 9 septembre 1886, et
de l'Union postale et télégraphique se trouve situé en
Suisse. (1)

39. — Les résultats acquis par l'Union de Berne, bien
que très inférieurs aux avantages qui résulteraient d'une
codification uniforme de la matière, n'en sont pas moins
considérables. Comme la plupart des conventions internationales existantes, elle pose le principe de l'assimilation des étrangers aux nationaux, et cela nous montre
que, dans l'étude de cette Union, nous aurons une large
part à faire à l'examen des lois internes de chaque peuple signataire. Mais, d'autre part, la convention place au-

1. L'échange des ratifications de l'Union pour la protection des
œuvres littéraires et artistiques a été fait le 5 semptembre 1887, à
Berne. Tous les états signataires de la convention, en 1886, s'y
trouvaient représentés, sauf la République de Libéria. L'Union est
entrée en vigueur à partir du 5 décembre 1887.

dessus du principe de l'assimilation certains droits dont elle assure la protection d'une façon absolue, constituant ainsi un minimum d'unification qui, dans les rapports internationaux, supprimera l'effet des lois ou des conventions plus restrictives, tout en laissant subsister celles de leurs dispositions qui pourraient être plus favorables et plus protectrices. C'est là ce qui ressort des termes de l'acte additionnel de l'Union ainsi conçu : « *La convention conclue à la date de ce jour, n'affecte en rien le maintien des conventions actuellement existantes entre les pays contractants, en tant que ces conventions confèrent aux auteurs ou à leurs ayants-cause des droits plus étendus que ceux accordés par l'Union, ou qu'elles renferment d'autres stipulations qui ne sont pas contraires à cette convention.* » C'est encore ce qui résulte de l'article 15 : « *Il est entendu que les gouvernements des pays de l'Union se réservent respectivement le droit de prendre séparément, entre eux, des arrangements particuliers, en tant que ces arrangemeuts conféreraient aux auteurs ou à leurs ayants-cause des droits plus étendus que ceux accordés par l'Union, ou qu'ils renfermeraient d'autres stipulations non contraires à la présente convention.* » Ces deux dispositions montrent bien que le traité de Berne n'a pas eu pour conséquence d'absorber et de supprimer les conventions antérieures passées par les parties contractantes. Notre examen devra donc porter également sur leurs dispositions.

40. — Quelle que soit, au surplus, l'importance de

l'Union, il est certain que notre étude ne pourrait se confiner dans ses limites, sous peine d'être très incomplète, car le nouvel accord est loin d'avoir entraîné l'adhésion de tous les peuples civilisés ; qu'il nous suffise de citer l'Autriche-Hongrie, la Russie, la Suède et la Norwège, la Hollande, les États-Unis, et l'on verra que les progrès restant encore à accomplir ne laissent pas que d'être considérables.

En nous maintenant sur le terrain purement international, la première question à résoudre sera celle de savoir à quelles personnes et à quelles œuvres, dans un état donné, s'étend ou doit s'étendre la protection des lois relatives à la propriété littéraire et artistique. L'examen des faits de contrefaçon étrangère, de leur répression, et des formalités imposées aux étrangers formera également autant de parties distinctes de ce travail où les données de la théorie, qu'il importe toujours de proclamer et de mettre en avant, nous permettront, à propos de chaque question, d'établir une comparaison entre l'idéal désirable d'une part, et d'autre part les solutions des lois internes, celles des conventions et particulièrement de l'Union.

APPENDICE

LE DROIT D'AUTEUR EST-IL UN DROIT DE PROPRIÉTÉ ?

41. — Avant d'aborder l'examen de la première partie, nous devons justifier ici l'emploi fait par nous, à différentes reprises, des termes *propriété littéraire et artisti-*

que. Si l'on écarte le droit que possède l'écrivain, le peintre, le sculpteur sur l'objet matériel produit par son travail, le manuscrit, le tableau, la statue, droit qui n'est autre que celui de propriété ordinaire et qui n'a rien de commun avec le droit d'auteur, on voit que ce dernier a pour objet la forme immatérielle, intellectuelle de l'œuvre, et que son exercice consiste essentiellement, pour le créateur de cette œuvre, dans la faculté de la reproduire à l'exclusion de tous autres.

Peut-on légitimement voir un droit de propriété véritable dans cette prérogative ? Ce qui peut faire hésiter, c'est qu'on est accoutumé de voir le droit de propriété se présenter sous une forme pour ainsi dire corporelle, et s'appliquer à un objet tangible, alors que, au contraire, le droit dont nous nous occupons actuellement, échappe par sa nature et par son objet à cette double matérialisation. Cette considération a déterminé la plupart des jurisconsultes allemands à refuser au droit d'auteur le titre de propriété. Cette opinion, en France, était repoussée par la grande majorité des jurisconsultes et par le législateur lui-même, qui s'est servi du mot de propriété, notamment dans la loi de 1793, dont une partie reste encore en vigueur. Toutefois, les écrits récents d'un auteur belge, M. Picard, qui, sans créer de théorie nouvelle, donna une forme et de la cohésion aux attaques dirigées contre la « propriété littéraire et artistique, » ont entraîné l'avis d'un assez grand nombre d'auteurs (1). D'après eux,

1. V. Picard, *Journ. de dr. int. pr.*, 1883, p. 565. Voir également dans le même sens : Weiss, *Traité élémentaire de dr. int. pr.*, 1886, p. 369 ; Numa Droz, *Journ. de dr. int. pr.*, 1885, p. 489 ; et Darras, n°ˢ 33 et s.

les droits de l'écrivain ou de l'artiste ne peuvent rentrer ni dans la catégorie des droits réels, ni dans celle des droits personnels, et doivent être mis à part sous le nom de droits intellectuels.

42. — La question fut soulevée au cours des travaux préparatoires de l'Union de Berne. Le projet de 1884 l'avait intitulée : Union générale pour la protection des droits d'auteur. Au nombre des propositions d'amendement à ce projet que fit parvenir le gouvernement français (v. *suprà*, n° 35), il s'en trouvait une demandant à faire remplacer l'expression « protection des droits d'auteur » par celle-ci : « protection de la propriété littéraire et artistique. » On avait protesté en France, car ces mots : « droits d'auteur » semblent désigner uniquement le droit pécuniaire plutôt que le droit tout entier qui, sous certains rapports, revêt un caractère purement moral, ainsi que nous aurons l'occasion de le démontrer plus loin. L'amendement fut admis par un premier vote de la conférence, mais la délégation allemande refusa de se soumettre à l'avis de la majorité, et, par esprit de conciliation, la délégation helvétique proposa la rédaction suivante : « protection des œuvres littéraires et artistiques. » qui fut adoptée. Il fut du reste entendu que, dans chaque pays, on pourrait employer des termes différents: *propriété littéraire et artistique, propiedad intelectual, diritti degli autori, copyright, Urheberrecht...* etc.

43. — Cette dernière particularité nous semble donner la mesure exacte du peu d'importance qu'il convient

d'attacher au fond à cette controverse. C'est une question de mots et pas autre chose. « Il importe assez peu,
« en définitive, dans la pratique, dit M. Pouillet, que le
« droit de l'auteur soit ou ne soit pas une propriété, dans
« le sens juridique du mot, dès l'instant qu'il est claire-
« ment défini, déterminé par la loi dans ses effets, dans
« son étendue, dans sa durée ».

44. — Un arrêt récent rendu par la Cour de cassation
de Paris, Chambre des requêtes, le 25 juillet 1887, dans
une affaire Grus c. Ricordi et Durdilly (D. 1888, 1, 5),
prétend toutefois trouver un intérêt pratique à cette question. Cet arrêt avait spécialement à examiner la validité
de la convention franco-italienne du 29 juin 1862 que le
pourvoi attaquait et voulait faire déclarer nulle sous ce
prétexte que cette convention, relative à une question de
propriété, n'avait pas été ratifiée par le parlement français, alors que cependant, l'empereur, en vertu de la
Constitution du 14 janvier 1852, article 6, n'avait le droit
de passer seul que les traités d'alliance et de commerce.
C'est là un raisonnement qui, s'il était admis, conduirait
à faire déclarer nuls tous les traités littéraires conclus
sous le second empire, car aucun d'eux n'a été soumis à
la ratification du parlement. Pour repousser cette conséquence désastreuse, la Cour de cassation a cru devoir
sacrifier entièrement l'idée de « propriété » appliquée aux
livres ou objets d'art, sans même chercher à appuyer sa
décision sur des considérants d'ordre juridique. La partie
de son arrêt qui renferme cette exécution sommaire déclare : « Attendu que les droits d'auteur et le monopole

« qu'ils confèrent sont désignés à tort, soit dans le lan-
« gage usuel, soit dans le langage juridique, sous le nom
« de propriété : que loin de constituer une propriété
« comme celle que le code civil a définie et organisée
« pour les biens meubles et immeubles, ils donnent seu-
« lement à ceux qui en sont investis le privilège d'une
« exploitation temporaire... »

45. — Nous pensons avec M. Ch. Lyon-Caen (V. Sirey,
1888, 1, 19, note de cet auteur) que pour repousser le
pourvoi, la Cour de cassation n'avait pas besoin de discuter, aussi sommairement surtout, la question de propriété. L'article 6 de la Constitution de 1852 n'était pas
limitatif. Il ne parle des traités de commerce qu'à titre
d'exemple, car beaucoup d'autres traités ont été conclus,
qui n'ont jamais été attaqués, notamment ceux du 24
mars 1860 relatifs à la cession de la Savoie et de Nice.
Pour arriver à trouver quelque intérêt à la question, il
faudrait donc supposer un état dans lequel le pouvoir
exécutif aurait le droit de conclure seul des traités de
commerce, sans avoir celui de conclure des traités relatifs à la propriété autrement que sous condition de ratification parlementaire. Il est facile de comprendre qu'une
pareille hypothèse sera excessivement rare (1).

46. — Ajoutons du reste qu'en nous plaçant sur le terrain de la théorie, nous croyons pouvoir justifier pleinement les termes que nous avons souvent employés et qui
reviendront encore plus d'une fois sous notre plume. Le

1. V. art. 8. L. 16 juillet 1875.

droit intellectnel, tout d'abord, constitue un droit réel, car il porte directement sur une chose : l'œuvre, c'est-à-dire la forme, abstraction faite de l'objet matériel, marbre ou manuscrit, qui a servi à la réaliser. Notre savant professeur, M. Weiss, dans son *Traité de droit international privé*, page 369 et s., repousse cette idée de droit réel et celle de propriété, parce que les droits intellectuels ne lui semblent pas comprendre les trois éléments essentiels de la propriété. Ils ne sont pas *exclusifs*, d'abord, « du « moment que chacun est libre de se rendre acquéreur, « pour une somme modique, d'un exemplaire du livre « nouveau ou d'un fac-simile du tableau exposé, ou en- « core d'exécuter chez soi la partition qui vient d'être « composée » ; ils ne sont pas *absolus*, ensuite, « car une « législation bien faite ne peut admettre que l'auteur et « ses ayants-cause aient la faculté de détruire ou de dé- « naturer une œuvre destinée à enrichir le patrimoine « commun de l'humanité » ; ils ne sont pas *perpétuels*, enfin, « car ils ne sauraient lui être indéfiniment réser- « vés, sans compromejtre l'avenir de la science et des « droits de la postérité ».

47. — Le premier motif allégué nous paraît reposer sur une erreur. Peut-on légitimement prétendre que l'acqué-reur d'un livre nouveau participe, pour une certaine part, au droit de l'auteur? C'est confondre deux droits abso-lument distincts : celui de l'écrivain, qui a pour but de lui assurer les produits honorifiques et pécuniaires de son travail, et celui de l'acheteur, qui n'a d'autre but que d'employer à un usage intellectuel et esthétique l'objet

nouvellement acquis. Pense-t-on que le propriétaire qui ouvrirait son parc, moyennant une certaine redevance, à tout promeneur, perdrait par là même une partie de son droit qu'il se verrait obligé de partager avec ces visiteurs ? La situation est pourtant identique. La vérité est, comme le montre M. Pappafava (1), que celui qui achète un livre achète la partie matérielle et l'usage de la partie intellectuelle. Nous ajouterions, sous une autre forme, qu'il n'en a pas la jouissance, mais seulement la communicabilité. — Sans doute le droit d'auteur n'offre pas le même caractère d'absolutisme que la propriété ordinaire possède généralement. Mais pourrait-on affirmer que la force attachée à ce droit de propriété est toujours identique à elle-même? L'Etat ne l'altère-t-il pas quand il prélève, sur les successions, un droit de mutation, ou quand il applique un impôt sur le revenu, ou bien encore lorsqu'il fait usage de l'expropriation ? Et sur quoi se fonde-t-on pour prétendre que l'auteur ne peut exercer ce droit d'*abusus* qui est peut-être le caractère le plus distinctif de la propriété? On reconnaît bien tout d'abord que l'auteur peut détruire son ouvrage et anéantir son travail quand il ne l'a pas encore fait paraître. Les difficultés que l'exercice de cette prérogative rencontrerait pour l'époque postérieure à la publication ne portent aucune atteinte au principe. En invoquant l'intérêt sacré de l'humanité, on oublie que cette dernière peut avoir à se féliciter parfois, de la disparition de certaines œuvres. — L'argument le plus puissant, invoqué à l'encontre de notre théorie, est sans con-

_____

1. *Bull. soc. lég. comp.*, 1883, p. 515 et s.

tredit celui qui se trouve déduit du principe de la perpétuité de la propriété ordinaire. Cette objection, il est vrai,
n'existe pas pour ceux qui admettent que la propriété
littéraire devrait être perpétuelle, principe qui était assez
souvent pratiqué autrefois dans le système des privilèges
et qui se trouve aujourd'hui encore sanctionné par quelques législations. Mais, en dehors de cette opinion, et
sans prétendre même, comme on l'a fait (1), que la perpétuité n'est pas un caractère essentiel de la propriété,
le législateur n'avait-il pas le droit de réglementer, dans
un intérêt général, la nouvelle propriété dont il venait de
reconnaître l'existence ? Pour sauvegarder le droit de la
société à la jouissance de l'œuvre, il a cru devoir repousser la perpétuité de la protection ; c'est là une atteinte
analogue à celles que nous indiquions plus haut, à propos de la propriété ordinaire. Elles la restreignent mais
ne la supprime pas (2).

1. V. Mourlon, *Rev. prat.*, t. XVII, p. 416.
2. V. Pouillet, *loc. cit.*, n. 9 ; *contrà*, Darras, n⁰ˢ 19 et s.

PREMIÈRE PARTIE

ÉTENDUE ET DURÉE DE LA PROTECTION

TITRE Ier

ÉTENDUE DE LA PROTECTION

49. — Doit-on, dans un Etat, protéger les œuvres étrangères sans aucune restriction ? Telle est la première question qui s'impose ici à notre examen. Les principes de la théorie nous permettront de donner sur ce poin une réponse unique ; mais l'étude des lois internes et des conventions nous montrera, par leur variété, l'application de tous les systèmes qu'une analyse théorique nous aura fait concevoir. Cette diversité, moins grande déjà en ce qui concerne la définition des mots « œuvres littéraires et artistiques », et l'examen de leur compréhension, disparaîtra presque entièrement quand nous aurons à rechercher par quels moyens la propriété intellectuelle est garantie dans les pays protecteurs : l'assimilation de l'étranger au national forme en effet la règle générale, presque universellement appliquée sous certaines réserves.

4

CHAPITRE Ier

50. — Conformément à la distinction indiquée précédemment, nous examinerons successivement cette question au point de vue de la théorie, des lois internes, des
conventions et de l'Union.

§ 1

Théorie.

51. — Bien que l'idée de protection large et ouverte à
tous ait fait de grands progrès dans ces dernières années, elle est encore loin d'avoir entraîné tous les peuples et même d'avoir déterminé tous les jurisconsultes.
Parmi ces derniers, toutefois, le nombre de ceux qui se
déclarent hostiles à toute espèce de garantie internationale
est restreint. Certains économistes, pour justifier les contrefaçons étrangères, font valoir des motifs tirés de l'intérêt
de l'industrie nationale, de la littérature nationale et des
exigences de l'enseignement. On fait bon marché de la
question de principes dont on cherche à faire du senti-

mentalisme pour en restreindre l'importance, et l'on déclare que, permettre à un éditeur de reproduire librement les ouvrages de littérature ou d'art parus à l'étranger, c'est assurer d'abord la modicité du prix des livres,
c'est ensuite favoriser le développement de la littérature
nationale, surtout pour les pays nouveaux qui ne font
qu'entrer dans le grand mouvement intellectuel, c'est
enfin élever le niveau de l'enseignement en ne laissant
frapper d'aucun monopole les productions du génie. C'est
là au fond le raisonnement que cherchait à couvrir le délégué des États-Unis à la Conférence de Berne de 1884,
pour expliquer l'absence de pleins pouvoirs de sa
part (1). On arrive ainsi à conclure que chaque État peut
très légitimement restreindre la protection soit aux œuvres parues sur son territoire, soit aux œuvres produites
par ses nationaux, et appliquer l'un ou l'autre de ces
deux principes : la territorialité ou l'indigénat.

L'histoire de la littérature des peuples civilisés permettrait à elle seule de répondre victorieusement à cette
argumentation, car elle montre, ainsi que nous aurons
l'occasion de le constater plus loin, que ce sont précisément les pays les plus fermés à l'idée de protection, chez
lesquels la littérature nationale est la plus lente à se
former. Cela se comprend aisément, du reste, car chez
ces peuples, les éditeurs, pouvant librement reproduire
sans droit d'auteur les principaux ouvrages étrangers
assurés du succès, ne seront guère tentés de publier les
essais des écrivains nationaux qu'il faudrait rétribuer.

1. V. *Journ. de dr. int. pr.*, 1884, p. 443.

L'industrie nationale elle-même n'a rien à gagner à un pareil système, ainsi que le montrait dans son discours d'ouverture M. Faider, président du congrès de Bruxelles : « L'imprimerie chez nous, disait-il, est dans une « situation meilleure et plus solide en réalité que lors- « qu'elle reproduisait les livres publiés à l'étranger. »

52. — Le nombre des auteurs qui répudient l'étroitesse d'un pareil système, mais qui n'osent pas toutefois admettre le principe de la protection absolue est plus considérable. Ils adoptent une théorie intermédiaire basée sur la règle de la réciprocité, soit légale, soit diplomatique (1). C'est dans ce sens que plusieurs tentatives de législation furent faites en France avant le décret de 1852. Les principes économistes forment encore la base du raisonnement. Un État ne doit garantir les étrangers de la contrefaçon que si les nationaux sont eux-mêmes garantis en retour. La libéralité désintéressée faite par un peuple à un autre n'a pas de raison d'être, elle n'éveille aucun stimulant, aucune émulation et entrave même les intentions libérales qui pourraient animer les gouvernements étrangers en leur enlevant tout intérêt à une modification de législation dans le sens protecteur. Ici encore, les faits démentent la théorie, car la France qui, avant 1852, avait réussi avec beaucoup de peine à signer quatre conventions basées sur ce principe de la réciprocité, a vu le nombre et la facilité de ses négociations s'accroître dans une mesure

1. C'est le principe recommandé par l'art. 15 des résolutions du congrès artistique de Paris de 1878.

considérable après qu'elle eût réparé l'erreur ancienne
et proclamé ouvertement la protection pour les étrangers (1).

53. — Quant à nous, nous ne saurions hésiter entre
ces doctrines étroites et la théorie large et juste préco-
nisée déjà par le congrès de Bruxelles (1858), d'Anvers
(1861) et renouvelée par le congrès littéraire de Paris
(1878). Nous avons indiqué par avance les motifs de notre solution en faisant rentrer les droits des auteurs et
des artistes dans la catégorie des droits naturels, dont
la reconnaissance doit être faite au profit de tous les
étrangers sans condition de réciprocité ou d'admission à
domicile. Sans doute, en matière de propriété industrielle, pour les brevets d'invention, on applique dans
les rapports internationaux le principe de la territorialité;
un brevet n'a de valeur que dans le pays où il a été va-
lablement pris. Cela vient, d'une part, de ce qu'il constitue, au profit de l'inventeur, une entrave au commerce
et à l'industrie, et d'autre part, de ce qu'il s'analyse en
un contrat entre l'état et l'inventeur, contrat que l'état
étranger a le droit de ne pas respecter. Mais en notre
matière, ces considérations n'ont pas lieu de se faire
jour. Le droit de l'écrivain sur son livre, de l'artiste sur
son œuvre est une propriété, elle doit être partout res-
pectée au même titre que la propriété des autres choses
d'une nature moins impondérable et moins élévée.

1. De 1852 à 1857, le gouvernement français a obtenu une ving-
taine de traités.

§ 2.

Lois internes.

54. — La *France* et la Belgique sont actuellement les seuls pays qui admettent les principes que nous venons de soutenir. Suivant l'opinion générale que nous nous somme efforcé de combattre, ce système, chez nous, ne daterait que de 1852 ; jusque-là, la règle adoptée aurait été celle de la territorialité pure et simple. Nous sommes obligé de reconnaître que le législateur lui-même est tombé dans cette erreur ; en effet, le décret du 23 mars 1852, se plaçant sur le terrain de la jurisprudence antérieure, dont il semble par là ratifier le bien fondé, déclare, dans son article premier, que « la contrefaçon, sur « le territoire français, d'ouvrages publiés à l'étranger « et mentionnés à l'article 425 du Code pénal, constitue « un délit. » Il ne parle que des ouvrages publiés à l'étranger, précisément parce que c'était à ceux-là seuls que les tribunaux refusaient protection auparavant. Relativement aux personnes, il s'applique aux Français aussi bien qu'aux étrangers.

En *Belgique*, la réforme est beaucoup plus récente ; elle date de la loi du 26 mars 1886 qui peut à bon droit être considérée comme le monument législatif le plus complet et le plus parfait qui ait été rendu sur la matière. Son article 38 est ainsi conçu : « Les étrangers « jouissent en Belgique des droits garantis par la pré- « sente loi sans que la durée de ceux-ci puisse, en ce

« qui les concerne, excéder la durée fixée par la loi
« belge. Toutefois, s'ils viennent à expirer plus tôt dans
« leur pays, ils cesseront au même moment en Belgi-
« que. » Sous la réserve de certaine limitation dans la
durée du droit, nous voyons que ce texte assure garantie
aux auteurs de toutes les nationalités. Il a ainsi enlevé
presque tout l'intérêt que les gouvernements étrangers
pouvaient puiser dans les conventions antérieurement
signées par eux avec les Belges (1).

55. — Le plus grand nombre des gouvernements admettent le principe de la réciprocité dans les rapports
internationaux. Ce principe se trouve parfois combiné
avec ceux de la territorialité et de l'indigénat, comme en
Espagne, où la loi du 10 janvier 1879 assure protection
aux œuvres parues en Espagne (arg. des art. 12 et 13),
à celles produites par un auteur espagnol, même à l'é-
tranger (art. 47, § 1 et 5 comb.), enfin à celles publiées
sur le territoire de pays garantissant protection aux œuvres espagnoles, soit en vertu de leurs lois, soit en vertu
de traités (art. 50 et 51) (2). Le Code civil *mexicain* du
1er mars 1871 contenait déjà à peu près les mêmes règles (art. 1247 et s., 1373, 1386) ; la résidence au Mexique suffit même pour assurer la protection (art. 1383).

56. — La *Suisse* (loi fédérale du 23 avril 1883) ; l'*Italie* (loi du 18 mai 1882 et décret du 19 septembre 1882) ;

1. V. *Étude sur la loi belge,* par Borchgrave, rapporteur de la loi.
Journ. de dr. int. pr., 1887, p. 403.
2. V. Darras, nos 256 et s.

le *Portugal* (Code civil de 1876) ; l'*Autriche* (loi du 19 octobre 1846), prohibent la contrefaçon des œuvres parues sur leur territoire, et de celles parues à l'étranger, sous condition de réciprocité. La qualité de national n'est plus, pour ces pays, en toute occurrence, une condition suffisante. Remarquons, du reste, que ces dispositions ont perdu beaucoup de leur importance, en ce qui concerne la Suisse et l'Italie, par le fait de leur participation à l'Union (1). Nos relations avec les deux autres gouvernements sont assurées par le traité franco-portugais du 11 juillet 1866, encore en vigueur, et par le traité franco-autrichien du 18 février 1884.

57. — L'*Allemagne* et la *Hongrie* ont une législation qui offre plusieurs points de ressemblance. Le principe de la réciprocité n'est plus admis dans les rapports internationaux. On protège les œuvres des nationaux quel que soit le lieu de leur apparition (loi allemande du 11 juin 1870, étendue à l'Alsace-Lorraine par la loi du 22 janvier 1873, art. 61, et loi du 9 janvier 1876 sur les arts figuratifs ; loi hongroise du 1er juillet 1884, § 79), et l'on étend quelque peu cette règle par des dispositions empruntées au principe de la territorialité. C'est ainsi que la loi hongroise protège les œuvres parues chez un éditeur national, quel qu'en soit l'auteur, ainsi que les œuvres publiées par des étrangers résidant en Hongrie depuis deux années et payant une contribution dans le pays (2). La loi allemande de 1870 protège les écrivains

1. Sur la loi fédérale suisse, V. Numa Droz. *Journ. de dr. intern. privé*, 1883, p. 329 et Delalande ; *Annuaire de lég. étr.*, 1883.
2. V. Chavegrin, *Journ. de dr. intern. privé*, 1888, p. 633.

étrangers qui font paraître leur œuvre chez un éditeur qui a établi son commerce en Allemagne. Celle de 1876 n'accorde la même protection qu'aux artistes dont l'ouvrage a vu le jour chez un éditeur allemand (art. 20 § 2), ce qui détruit l'harmonie entre les dispositions relatives à la propriété littéraire et celles relatives à la propriété artistique. Des règles spéciales, empreintes d'un caractère moins étroit, sont appliquées par la loi allemande de 1876 aux œuvres parues dans les Etats de l'ancienne confédération germanique, restés en dehors de l'empire allemand (Autriche, Luxembourg, Limbourg, Lichtenstein). La protection est assurée en principe, au cas de réciprocité légale (art. 21).

58. — La législation *russe* échappe à toute classification, car son texte semble protéger les étrangers dans une certaine mesure. et sa jurisprudence ne protège cependant que la contrefaçon de leurs œuvres. Ajoutons que ce pays ne fait pas partie de l'Union et qu'il vient de dénoncer la convention passée avec la France le 6 avril 1861, laquelle a pris fin, en conséquence, le 14 juillet 1887 (1).

59. — La Hollande, l'Angleterre et les Etats-Unis méconnaissent également, d'une façon presque absolue, les droits de l'étranger, sans qu'on puisse toutefois adresser à leur jurisprudence le reproche d'inconséquence que

1. Nous verrons plus loin, à propos des œuvres musicales, que le nouveau règlement sur la censure et la presse (édition de 1886) accorde un commencement de protection internationale pour les compositeurs de musique étrangers.

nous venons de formuler à l'encontre des tribunaux russes. Ces trois pays n'admettent que le principe de la territorialité, sauf l'effet de l'Union de Berne pour ce qui concerne la Grande-Bretagne et ses colonies.

60. — La loi *hollandaise* du 28 juin 1881, dans son article 27, ne protège que les œuvres imprimées (on ne s'occupe pas de la publication) aux Pays-Bas ou dans les Indes orientales néerlandaise. Le droit des artistes en général reste soumis à l'ancienne législation qui ne vise que les ouvrages ayant vu le jour dans le pays et qui laisse la sculpture étrangère à toute protection.

61. — En *Angleterre*, les différents projets de codification soumis au parlement pendant ces dernières années n'ayant pas encore abouti, la législation du *copyright* reste soumise aux règles du *Common-Law* combinées avec les décisions des *statuts*. Les difficultés et les complications engendrées par la coexistence de ces deux sources font qu'il est nécessaire de s'en référer presque uniquement à la jurisprudence anglaise pour connaître l'état actuel de la protection internationale. Les auteurs et artistes étrangers ne sont protégés que pour les œuvres dont la publication a été faite dans le royaume à un moment où eux-mêmes se trouvaient sur un territoire soumis à la loi anglaise (1).

62. — Aux *Etats-Unis*, la situation est telle qu'elle était au siècle dernier. Les statuts révisés ne l'ont pas

1. V. Frédéric Bolt, *Journ. de dr. intern. privé*, 1888, p. 447.

modifiée, et un bill de protection internationale fondé sur la réciprocité échoua le 27 février 1884. La contrefaçon est permise et très largement pratiquée pour toutes les œuvres publiées par d'autres que les citoyens américains et les étrangers qui résident sur le territoire de la République et y font paraître leurs ouvrages (1).

§ 3.

Conventions.

63. — Nous avons vu précédemment que l'Union de Berne a eu pour conséquence directe d'abroger virtuellement toutes les conventions antérieures consenties par les Etats signataires entre eux sur des bases moins larges que celles du traité de Berne. C'est ainsi que les gouvernements anglais et français ont déclaré que la convention littéraire et artistique du 3 novembre 1851, ainsi que l'acte additionnel du 11 août 1875, étaient supprimés et remplacés par la nouvelle Union (2). Bien que ces dispositions abolies soient encore de nature à produire des effets dans l'avenir relativement aux actes accomplis sous leur empire, nous nous occuperons cependant plus particulièrement des accords réalisés entre gouvernements étrangers à l'Union, ou dont l'un d'eux seulement n'y aurait pas adhéré, ainsi que des clauses comprises dans les autres conventions et que l'Union n'a pu détruire.

1. V. *Journ. de dr. intern. privé*, 1888, p. 317, article de M. René Valadon sur la contrefaçon des œuvres artistiques et littéraires étrangères aux Etats-Unis.

2. V. *Journ. de dr. intern. privé*, 1887, p. 380.

64. — Les idées qui viennent de nous servir à classer les dispositions des lois internes peuvent en partie se retrouver ici, quand il s'agit de déterminer les bases sur lesquelles se sont placées deux ou plusieurs nations s'unissant pour la protection des droits d'auteur. On comprend tout d'abord qu'on protège réciproquement, dans chaque pays, les œuvres des citoyens de l'autre ; on comprend également qu'on n'ait envisagé que les œuvres publiées ou parues sur le territoire de chacun des deux états contractants.

A cette dernière catégorie appartiennent les conventions conclues par la France avec les Pays-Bas (1855, art. 1) (1) ; le Luxembourg (1865, art. 1, § 1) ; l'Autriche (1866, art. 1, 3, 4) ; la Belgique (1881, 1, §§ 1 et 3) ; la Suisse (1882, 1, 6, 16, 20). Ces deux derniers pays seuls font partie de l'Union. Les conventions conclues avec le Salvador, (1880, 1), la Suède et Norwège (30 déc. 1881, art. addit.) se basent au contraire sur le principe de l'indigénat et ne s'appliquent qu'aux citoyens de l'un ou l'autre état.

La même idée forme le fondement des conventions franco-allemande (1883, 1 et 2) et franco-italienne (1884, 1) qui contiennent en outre toutes deux un article identique aux termes duquel les stipulations du traité « s'appliqueront également aux éditeurs d'œuvres pu-

---

1. Nous rappelons que la convention de 1855 avec les Pays-Bas a été remise en vigueur par la déclaration du 19 avril 1884 qui en a quelque peu étendu la portée. Ce sont donc toujours en principe les articles de cette convention de 1855 qu'il convient de citer.

« bliées dans l'un des deux pays, dont l'auteur appar-
« tiendrait à une nationalité tierce. » (1)

65. — Une difficulté peut naître à l'occasion de certaines conventions qui ne contiennent pas d'indication pré-
cise sur le caractère des œuvres protégées, et qui se contentent d'une formule générale, comme celle insérée dans
l'article 1 de la convention franco-espagnole de 1880 aux
termes duquel «... les auteurs..... qui justifieront de leur
« droit de propriété ou de cession totale ou partielle, dans
« l'un des deux états contractants, conformément à la
« législation de cet état, jouiront dans l'autre état... ».
On n'indique pas ainsi, d'une façon exacte, quels sont
les auteurs qui pourront invoquer le traité. Il est certain,
tout d'abord, que celui qui voudrait s'en prévaloir
dans l'un des deux pays contractants devrait établir que
l'autre pays reconnaît son droit de propriété. Il conviendrait donc de s'en référer sur ce point aux lois internes.
Mais la difficulté vient précisément de ce que les deux
législations française et espagnole, et tout particulièrement la nôtre, comptent parmi les plus libérales. La loi
française reconnaît le droit de propriété de tous les étrangers ; est-ce à dire qu'un écrivain russe publiant, par
exemple, un roman en Angleterre pourrait invoquer ce
traité à l'encontre d'une contrefaçon de son ouvrage faite
à Madrid ? Cette prétention serait certainement étrange.
Nous pensons donc que les indications fournies par les
lois internes des deux pays ne sont pas suffisantes pour

1. Pour l'étude du traité franco-allemand, V. Ch. Lyon-Caen,
Rev. d. dr. int., 1884, p. 437.

permettre de résoudre la difficulté, et qu'il faut les com
pléter en cherchant à interpréter surtout l'intention commune des parties contractantes. Or celles-ci n'ont pas dû
envisager le cas de l'individu étranger à l'une et à l'autre
nation et publiant son ouvrage sur un territoire non soumis aux deux gouvernements en présence. L'absence, par
trop évidente, d'intérêt de leur part suffit à le démontrer. Mais, au contraire, toute œuvre parue sur l'un des
deux territoires ou publiée par un citoyen de l'un des
deux états pourra invoquer le traité, car, d'une part, la
loi espagnole, la plus restrictive des deux, protège cette
œuvre, et, d'autre part, il y a intérêt pour les deux nations à la défendre contre les contrefaçons. C'est donc
dans une combinaison du système de l'indigénat et de la
territorialité que nous croyons découvrir la solution re-
cherchée (1).

§ IV

Union de Berne.

66. — La délimitation de la portée de l'Union projetée
a donné lieu, dans les conférences préparatoires, à de
longues discussions. L'avant projet de l'Association de
de 1883, laissant de côté la nationalité de l'auteur ou de
l'artiste, déclarait protéger toutes les œuvres « parues,
« représentées, ou exécutées dans l'un des états contrac-
« tants. » La conférence de 1884 repoussa ce système et

1. V. pour l'étude de la convention franco-espagnole : Delalande, *Bull. soc. lég. comp.*, 1881, p. 140.

vota celui que consacre le premier alinéa de l'article 2 actuel, conçu dans les termes suivants : « *Les auteurs* « *ressortissant à l'un des pays de l'Union, ou leurs ayants-* « *cause, jouissent, dans les autres pays, pour leurs œu-* « *vres, soit publiées dans un de ces pays, soit non pu-* « *bliées, des droits que les lois respectives accordent ac-* « *tuellement ou accorderont par la suite aux nationaux.* » C'est la règle de l'indigénat qui est prise pour base. Tous les auteurs ressortissant à l'un des pays contractants pourront donc invoquer, en principe, cette convention, Ceci est absolument vrai pour ce qui concerne les œuvres inédites ; mais la solution est différente pour celles qui ont été publiées ; notre article ne parle en effet que de celles qui auront vu le jour sur le territoire régi par la nouvelle Union. Cette dernière ne pourrait donc pas être invoquée, par exemple, par l'écrivain anglais qui verrait traduire en France un ouvrage publié par lui à New-York. En définitive, on peut dire que l'article 2 exige une double condition : la nationalité de l'auteur et la nationalité de l'œuvre.

67. — Cette exigence fléchit toutefois dans une hypothèse prévue par l'article 3 qui déclare ; « *Les stipu-* « *lations de la présente convention s'appliquent égale-* « *ment aux éditeurs d'œuvres littéraires ou artistiques* « *publiées dans un des pays de l'Union, et dont l'auteur* « *appartient à un pays qui n'en fait pas partie.* » Cette disposition, dont il est facile de trouver l'origine dans l'article 2 de la convention franco-allemande de 1883, a été admise dans le but de transiger avec les réclamations de ceux des plénipotentiaires qui cherchaient à donner au projet d'Union le plus d'extension possible. M. Clunet et le gouvernement fédéral suisse proposaient en effet d'assimiler aux sujets de chaque état signataire les sujets des autres états ne faisant pas partie de l'Union, qui y seraient domiciliés ou qui y auraient fait paraître, représenter ou exécuter leurs œuvres. Dans ces termes, la convention littéraire et artistique se serait rapprochée de celle signée à Berne pour la protection de la propriété industrielle, et dont l'article 3 est ainsi conçu : « Sont « assimilés aux sujets des états contractants les sujets « des états ne faisant pas partie de l'Union, qui sont domiciliés ou ont des établissements industriels ou commerciaux sur le territoire de l'un des états de l'Union. » La partie de la proposition ayant trait au domicile fut rejetée ; le reste fut transformé et devint l'article 3 actuel. Il fut entendu, d'une part, que le mot *éditeur* devrait être interprété d'une façon large permettant d'y faire rentrer l'entrepreneur de spectacles, et d'autre part, en vertu d'une note inscrite au procès-verbal de la conférence de 1885, que la nationalité de l'éditeur serait indifférente, pourvu qu'il eut dans l'Union un établissement permanent et durable (1).

68. — Faisons, au sujet de cette dernière disposition, une remarque importante qui va nous permettre de montrer l'application d'un principe précédemment indiqué par nous (V. n° 39). La protection accordée par l'ar-

___

1. V. Clunet, *Etude sur la convention d'Union*, 1887, p. 49 et 50. V. également *Journ. d. dr. int. pr.*, 1885, p. 489.

ticle 3 à l'œuvre d'un non ressortissant parue chez un éditeur établi dans un pays de l'Union doit certainement, à raison de sa spécialité, être rangée dans la catégorie des actes constituant le minimum d'unification que la Convention a voulu introduire dans les rapports internationaux des Etats signataires. Il en résulte sur ce point, ainsi que nous l'avons montré, que l'effet des lois internes se trouve supprimé en ce qui concerne leurs dispositions plus restrictives. Nous avons vu notamment (n° 57) que la loi allemande sur la propriété artistique n'accorde la protection, en dehors du principe de l'indigénat, qu'aux artistes dont l'ouvrage a vu le jour chez un éditeur *allemand.* Supposons qu'un graveur russe fasse paraitre son travail chez un éditeur *non allemand,* établi à Berlin. Ce graveur ne sera pas protégé par la loi allemande sur le territoire de l'empire ; en principe, il ne pourrait pas l'être non plus sur le territoire des autres Etats de l'Union, car nous verrons plus loin qu'on ne peut invoquer la protection que pour un droit né dans un pays de l'Union, or le droit de ce graveur n'a pu prendre naissance en Allemagne. Cependant l'application de l'article 3 de la Convention de Berne, qui a eu pour effet de modifier la loi allemande dans les rapports internationaux, nous permet de dire que cet artiste russe pourra demander garantie contre les contrefaçons faites dans un autre Etat de l'Union, puisque cette dernière n'exige pas une condition de nationalité chez l'éditeur. Remarquons bien, du reste, que ce raisonnement ne permettrait pas à notre artiste de réclamer protection contre des reproductions faites en Allemagne même, car l'Union ne produit aucun effet dans les limites d'un seul Etat. Le graveur, dans cette hypothèse, resterait soumis à la loi allemande qui le dépouille de son droit.

APPENDICE

PERSONNES MORALES. — CESSIONNAIRES. — COLLABORATION. ŒUVRES INÉDITES, POSTHUMES, PSEUDONYMES, ANONYMES.

§ I.

Personnes morales.

69. — Nous ne pouvons entrer ici dans le détail d'une controverse qui s'est renouvelée en France lors de la discussion du projet de loi sur les œuvres artistiques déposé au Sénat le 24 juillet 1879 (1). L'Etat, formant une personnalité distincte de celle de ses membres, peut être titulaire d'un droit de propriété littéraire ou artistique. Bornons-nous à l'affirmation de ce principe qui s'applique, du reste, à tous les êtres juridiques ayant une existence propre. Certaines productions intellectuelles ne peuvent être engendrées qu'au prix de dépenses et de travaux considérables que l'Etat seul peut fournir. Il serait injuste d'abandonner ces travaux à la contrefaçon.

70. — C'est ainsi qu'en France un décret du 20 février 1809 reconnaît à l'Etat un droit de propriété sur

1. V. *J. off.*; 17 juillet 1883.

certains manuscrits (archives du ministère des affaires étrangères, bibliothèques nationales... etc.). Ces indications, toutefois, n'ont rien de limitatif. Notre gouvernement doit notamment être reconnu propriétaire de la carte d'état-major. Il ne conviendrait pas, cependant, d'attribuer le même caractère aux privilèges qui appartiennent à certains gouvernements (Angleterre, Mexique, Suède, Espagne...) et qui leur permettent de reproduire seuls les actes politiques ou diplomatiques. Il ne faudrait voir, dans ces dispositions, que des mesures de police dont l'empire cesse à la frontière (1).

71. — Le silence gardé sur les droits de ces personnes morales par le décret du 23 mars 1852, par la plupart des législations étrangères et par les conventions ne nous semble donc pas constituer un obstacle à la protection. Ajoutons que toute association revendiquant pour ses travaux le bénéfice de la garantie, devra établir que l'existence juridique lui est reconnue dans son propre pays et au pays de la contrefaçon.

§ II.

Cessionnaires.

72. — De même que l'auteur et l'artiste peuvent incontestablement renoncer à leur droit d'une façon absolue, en l'abandonnant au domaine public, de même éga-

1. V. Darras, nᵒˢ 304 et s.

lement peuvent-ils céder, soit pour un prix, soit gratui-
tement, ces droits à une ou plusieurs personnes déterminées. La reconnaissance de cette faculté présente une très
grande importance en droit international, car c'est presque toujours par voie de cession que la propriété intellectuelle s'exerce d'un pays à l'autre. — Aucune condition de forme, d'écrit, ne doit être exigée pour la formation de ce contrat qui se crée par le simple consentement.

73. — Toutes les législations consacrent ces principes
sous la réserve de quelques-unes d'entre elles qui exigent certaines formalités d'enregistrement pour que la
cession soit régulièrement constituée. Telles sont celles
de l'Angleterre, des Etats-Unis, de la Turquie, de l'Espagne et de l'Italie. — La législation des Etats-Unis qui,
ainsi que nous l'avons vu précédemment, refuse protection aux étrangers ne résidant pas dans le pays, admet
toutefois que ces étrangers peuvent acquérir des droits
par voie de cession à eux consentie par un citoyen des
Etats-Unis ou par un étranger résident (1).

74. — La plupart des conventions internationales consacrent expressément le principe de la cessibilité; mais
son omission ne saurait être interprétée dans un sens
restrictif. La formule généralement employée est celle
qui se trouve dans l'article 1, § 3, de la convention
franco-espagnole ainsi conçu :

1. V. *Décision de la Cour de circuit, D.du Massachusetts,* 21 juin
1886, *Journ. de dr. int. pr.,* 1887, p. 498.

« Les mandataires légaux ou ayants-cause des au-
« teurs, compositeurs et artistes, jouiront réciproque-
« ment, et à tous égards, des mêmes droits que ceux que
« la présente convention accorde aux auteurs, traduc-
« teurs, compositeurs et artistes eux-mêmes. »

75. — Cette formule défectueuse, qui tendrait à faire croire que les mandataires et ayants-cause ont toujours identiquement les mêmes droits que les auteurs eux-mêmes, se trouvait reproduite à peu près littéralement dans l'article 4 de l'avant-projet de l'Union rédigé en 1883. — Lors de la conférence de 1885, on fit observer qu'il était inutile de parler des mandataires légaux, lesquels n'ont pas de droits propres et font seulement valoir ceux des auteurs. On supprima ce qui les concernait, et on se borna à ajouter les mots : *ou leurs ayants cause*, dans l'article 2 du traité définitif.

§ III

Collaborateurs.

76. — La collaboration, si fréquente en matière musi-cale, et surtout dramatico-musicale, soulève des difficul-tés dans lesquelles le cadre restreint de cette étude ne nous permet pas d'entrer, et qui, du reste, ne sont pas spéciales aux rapports internationaux. — Dans le cas de dissentiment entre plusieurs collaborateurs, si l'un veut publier et que l'autre s'y refuse, il ne peut, bien évidem-ment, être question de licitation, comme pour une copro-

priété ordinaire, car, en dehors du droit pécuniaire, il y a le droit moral, l'honneur, qui est impartageable. Il convient, dans cette hypothèse, de confier aux tribunaux le droit de trancher ces difficultés.

77. — Les lois françaises étant muettes sur ce point, c'est la solution qui devrait être appliquée toutes les fois que la convention passée entre les auteurs n'aura pas réglé le mode d'exercice du droit. — C'est également dans ce sens que s'est prononcée la loi belge qui déclare dans son article 6, au début, qu' « à défaut de convention, « aucun des copropriétaires ne peut l'exercer (le droit « d'auteur) isolément, sauf aux tribunaux à prononcer « en cas de désaccord.... » — Le Code civil mexicain, articles 1263 et s., déclare que s'il y a plus de deux collaborateurs on devra suivre l'avis de la majorité, et que les tribunaux n'auront à décider qu'au cas de partage. — Pour les œuvres dramatico-musicales, certaines législations, comme l'Italie et l'Allemagne, font prédominer l'avis du compositeur sur celui du librettiste et décident que le premier pourra faire représenter l'œuvre malgré le refus du second, alors que ce dernier ne jouit pas de la même faculté, dans l'hypothèse inverse. (V. Darras, p. 408).

§ IV

Œuvres inédites, anonymes ou pseudonymes, posthumes.

78. — L'œuvre inédite constituant un bien, une propriété, au même titre que l'œuvre déjà publiée, a droit à

la même protection que cette dernière sans que l'on puisse objecter le silence d'une législation sur ce point, ni même l'impossibilité dans laquelle on se trouve de pouvoir accomplir les formalités qui sont imposées le plus souvent pour permettre d'invoquer la protection. — C'est ainsi qu'en France on a reconnu que la formalité du dépôt, impossible à remplir pour ces ouvrages, ne constituait pas un obstacle à l'exercice du droit de garantie. (Seine, 21 mars 1877 : héritiers de M. de Montalembert c. Sandoz, Loyson et consorts). — C'est ainsi également que la Cour de Bruxelles a jugé, à propos de l'*Assommoir* d'Emile Zola représenté à Anvers, en flamand, avant d'avoir été imprimé, que ce fait constituait une contrefaçon prohibée par la convention franco-belge, bien que l'article 6 de cette dernière ne défendît la traduction que sous l'accomplissement de certaines conditions qui n'avaient pu être accomplies au sujet de ce drame encore inédit (Bruxelles, 17 mai 1880 ; S. 81. 4. 9).

La question, du reste, est formellement tranchée pour l'Union, dont l'article 2 déclare : « Les auteurs..... « jouissent..... pour leurs œuvres, soit publiées....., soit « non publiées..... » C'est à peu près la reproduction exacte de la formule employée dans les conventions franco-allemande et franco-italienne.

79. — Les ouvrages anonymes ou pseudonymes, que quelques auteurs faisaient tomber autrefois dans le domaine public, comme une épave, *tanquam res derelicta*, sont également susceptibles de protection internationale,

et les termes du décret français du 23 mars 1852 sont
assez généraux pour les comprendre. En l'absence d'une
disposition spéciale sur la matière, la garantie ne peut
être invoquée que par l'auteur, s'il se fait connaître en
temps utile, ou par son cessionnaire ou ayant-cause. —
Mais l'Union de Berne, reproduisant une disposition déjà
contenue dans les conventions franco-allemande (art. 7,
§ 2) et franco-italienne (art. 6, § 2), admet sur ce point
une règle spéciale et dont l'utilité est facile à saisir :
« *Pour les œuvres anonymes ou pseudonymes*, déclare l'ar-
« ticle 11, § 2, *l'éditeur dont le nom est indiqué sur l'ouvrage*
« *est fondé à sauvegarder les droits appartenant à l'auteur.*
« *Il est, sans autres preuves, réputé ayant-cause de l'auteur*
« *anonyme ou pseudonyme.* » Le nom de l'auteur pourra
ainsi rester ignoré, et l'éditeur sera dispensé d'établir
qu'il est son cessionnaire légal.

80. — Les observations qui précèdent sont également
vraies, en partie, pour les œuvres posthumes. Bien que
les conventions et l'Union n'en parlent pas spécialement,
il ne peut y avoir aucune difficulté à les faire rentrer
dans leurs dispositions, sous réserve des règles spéciales
qui leur sont appliquées relativement à la durée de la
protection, durée restreinte pour ces œuvres par la plupart des législations, ainsi que nous aurons à le constater plus loin.

CHAPITRE II

81. — Les mots « lettres et arts » n'ayant pas un sens rigoureusement délimité et toujours identique chez tous les peuples, il importe d'en examiner d'une façon quelque peu détaillée la portée et la compréhension. Cette étude, qui aura pour but d'indiquer les bornes de la protection littéraire et artistique, aura également pour conséquence importante de faire connaître les œuvres qui, bien que rentrant par leur nature dans la catégorie des ouvrages de lettres ou d'art, sont cependant privées de la garantie internationale pour des raisons d'intérêt social ou d'ordre public.

SECTION I

Œuvres littéraires.

§ I

Théorie.

82. — L'objet du droit de propriété littéraire n'est pas, bien évidemment, le livre, le manuscrit renfermant le

produit du travail intellectuel de l'auteur, mais ce travail lui-même auquel nous donnons ici le nom d'œuvre littéraire, quelle que soit son importance, sa valeur, son utilité. Cette œuvre, résultat d'un travail immatériel et objet d'un droit spécial, se compose d'un sujet traité, d'idées simples émises, d'un ordre de développement suivi et de la forme sous laquelle le tout se trouve réuni et exposé, c'est-à-dire de la langue, du style, de l'éloquence qui ont servi d'enveloppe et ont matérialisé en quelque sorte et rendu sensible cette conception de l'esprit. C'est sur cet ensemble que porte le droit de propriété ; mais ces divers éléments de l' — œuvre —, pris individuellement, ne bénéficient pas tous de la même garantie : le sujet traité et les idées émises appartiennent en effet à tous et ne sauraient devenir l'objet d'un droit privatif ; l'ordre d'exposition et la forme employée éveillant par eux-mêmes la pensée du travail intellectuel et l'idée de la personnalité appartiennent en propre à l'auteur et ne peuvent être renouvelés et reproduits sans sa volonté.

83. — Parmi ces objets, dont il serait impossible et inutile de faire une énumération complète, il en est cependant quelques-uns qu'il importe de passer rapidement en revue à raison des discussions auxquelles ils ont donné lieu et des exceptions qu'ils ont fait apporter à la règle de la protection.

C'est ainsi que pour les articles de journaux il convient de mettre à part les *faits divers* et les discussions de politique actuelle ; car ces articles, portant sur des évé-

nements publics, ne peuvent donner naissance à un droit
de propriété : les premiers, parce qu'ils ne font que rap-
porter un fait et ne constituent pas une œuvre littéraire;
les seconds, parce qu'il importe à l'ordre public que les
opinions de tout politicien puissent être soumises à l'examen et à la discussion. Ces motifs montrent, toutefois,
que l'autorisation de reproduire ces articles doit être suivie de l'obligation d'indiquer leur source.

Les lois, les règlements, les jugements des tribunaux doivent également échapper aux principes de la contrefaçon, car ils appartiennent à tous et ne sauraient être
trop divulgués pour l'instruction de tous.

La même règle doit aussi s'appliquer aux discours politiques qui précèdent le vote ou la promulgation de ces
lois, aux plaidoyers judiciaires qui précèdent la [rédac-
tion de ces jugements. Les paroles prononcées dans ces
circonstances se confondent en effet avec la loi ou le jugement, font corps avec eux et se présentent eux-mêmes
avec le caractère d'actes publics, ce qui permet à tous de
s'en emparer et de les reproduire. Ajoutons toutefois qu'il
ne saurait être permis de les publier librement, sous
forme de recueil, sans la votonté de leur auteur, car une
telle publication n'aurait plus pour justification les motifs
d'ordre public indiqués plus haut, mais seulement une
pensée purement littéraire ou mercantile.

Cette dernière observation montre donc que toute production orale qui ne relève ni de la politique, ni de la
justice doit être garantie au même titre que le livre. Les
leçons, cours, sermons, même ceux émanant de profes-
seurs ou de prêtres salariés par l'état, appartiennent en
propre à leurs auteurs.

§ II.

Lois internes.

84. — Ces principes sont presque unanimement admis par les législations de tous les peuples civilisés. Certaines d'entre elles, dans le but de faire cesser toute controverse, ont cru devoir donner une énumération qui n'a rien de limitatif, du reste. C'est ainsi que la loi belge de 1886 porte, dans son article 10 : « Le droit d'auteur s'applique « non-seulement aux écrits de tout genre, mais aux le- « çons, sermons, conférences, discours ou à toutre autre « manifestation orale de la pensée ».

La plupart de ces lois, au contraire, se contentent d'une formule générale pour indiquer que la protection s'étend à toute œuvre littéraire (Voir : Espagne, loi du 12 janv. 1879, art. 1 ; Mexique, C.C., art. 1247 et 1273). En Angleterre et aux Etats-Unis, le Common-Law semble également accorder protection à toutes les œuvres intellectuelles. En Angleterre, toutefois, les statuts refusent garantie aux ouvrages obscènes, immoraux ou diffamatoires (V. Darras n° 318).

85. — C'est dans cette dernière catégorie que rentre la législation française qui protège, d'après les termes de la loi du 19 juillet 1793, « les auteurs d'écrits en tout « genre ». Il n'y a donc lieu de faire aucune distinction entre les écrits, ainsi que la jurisprudence l'a décidé du reste, eu égard à leur valeur plus ou moins grande, à leur nature, à leur étendue, à leur but, ou à leur objet.

Ajoutons que cette large protection est celle qui doit être accordée aux étrangers en France, à l'instar des nationaux, car l'article 1º du décret de 1852 renvoie, pour l'indication des œuvres garanties, à l'article 425 du Code pénal qui, lui-même, se réfère aux lois sur la propriété littéraire et artistique.

Cette généralité des termes de la loi de 1793, sur laquelle nous aurons à revenir à propos des œuvres artistiques, montre donc que pour savoir si un auteur peut empêcher la contrefaçon d'un ouvrage donné, il n'y aura pas d'autre question à résoudre que celle-ci : cet ouvrage peut-il être considéré comme une œuvre littéraire ? Les principes théoriques indiqués plus haut par nous (nᵒˢ 82 et s.) serviront à trancher la difficulté. Il est certain toutefois qu'il devra rester aux tribunaux un certain pouvoir d'appréciation qui échappera au contrôle de la Cour de cassation, car il s'agit dans l'espèce d'une question de fait.

86. — En ce qui concerne plus particulièrement les articles de journaux, nous appliquerons donc, pour notre législation, les règles données par nous au n° 83, et nous condamnerons plusieurs décisions récentes de la jurisprudence, qui semble exiger, pour leur assurer le bénéfice de la protection, que leur auteur fasse des réserves expresses sur son droit (V. comm. Toulouse, 18 mars 1884; La Lanterne c. la Dépêche, *Gaz. Pal.* 1884,1,829). La nécessité de cette réserve, qui nous paraît superflue, se trouve imposée par la loi belge, art. 14. La loi allemande de 1870 l'exige également dans son article 7 à l'é

gard des « romans, des nouvelles, des travaux scientifi-
« ques et de tous autres écrits de quelque étendue ».
Les articles n'ayant pas ce caractère ne sont susceptibles
d'aucune garantie *(Sic* : Suède, 1877, art. 12).

§ III.

Conventions

87. — La classification que nous avons établie entre
les lois internes se retrouve également dans les traités internationaux. Les uns, comme ceux de 1881 et de
1884 avec la Suède et la Norwège, ne contiennent pas
d'énumération. Dans le premier, on accorde protection
aux sujets des deux états pour « la propriété littéraire
et artistique » ; dans le second, on parle seulement « des
« écrits et des œuvres d'art. ». Ces formules vagues laissent aux lois internes le soin d'en limiter le sens. D'autres traités, au contraire, contiennent une énumération
à laquelle on n'attribue pas un caractère restrictif, car
elle est toujours terminée par une phrase qui en généra-
lise la portée. (V. Conv. franco-espagnole 1880, art. 1,
§ 2 ; franco-allemande, 1883, 1, § 3 ; franco-italienne,
1884, 1, § 3, etc.).

§ IV.

Union.

88. — C'est ce dernier procédé qui a été employé dans
l'Union de Berne, dont l'art. 4 est ainsi conçu : « *L'ex-*
« *pression* « *œuvres littéraires et artistiques* » *comprend*

« *les livres, brochures ou tous autres écrits, les œuvres*
« *dramatiques ou dramatico-musicales, les compositions*
« *musicales avec ou sans paroles ; les œuvres de dessin,*
« *de peinture, de sculpture, de gravure ; les lithographies,*
« *les illustrations, les cartes géographiques ; les plans,*
« *croquis et ouvrages plastiques, relatifs à la géographie,*
« *à la topographie, a l'architecture ou aux sciences en*
« *général ; enfin toute production quelconque du domaine*
« *littéraire, scientifique ou artistique qui pourrait être*
« *publiée par n'importe quel mode d'impression ou de*
« *reproduction* ». Cette énumération, dans la convention
de Berne, présente une importance toute particulière et
dont on saisira surtout la portée en matière artistique,
car, par l'effet seul de l'Union, en vertu de la règle précédemment indiquée par nous (n° 39), tous les ouvrages
intellectuels dont le nom est indiqué dans cet article, devront être protégés contre la contrefaçon internationale,
sans qu'il y ait lieu de rechercher si cette protection est
permise par les lois internes des pays en cause. Cette
énumération, en effet, constitue un minimum d'unification, qui se trouve par là-même imposé aux nations signataires du traité dont la législation ne reconnaîtrait pas
le caractère d'œuvre artistique ou littéraire à quelques-
uns des produits cités dans cet article.

89. — La matière importante des articles de journaux
a donné lieu à d'assez longues discussions dans les travaux préparatoires de l'Union ; elle fait l'objet d'un article spécial de ce traité.

Le projet de l'association littéraire et artistique inter-

nationale de 1883 ne contenait rien sur ce point. Il y aurait eu bien des inconvénients à maintenir l'application
des lois internes et des conventions sur une question qui
fait l'objet de rapports internationaux si fréquents. Aussi
la conférence de 1884 voulut-elle réparer cet oubli. Elle
répartit les articles de journaux en trois catégories : la
première, comprenant les romans-feuilletons et les articles de science ou d'art ; la seconde, comprenant tous
les autres articles, à l'exception de ceux de discussion
politique qui composaient la dernière catégorie. Pour
ceux-ci, aucune protection n'était reconnue ; les romans-
feuilletons et articles scientifiques ou artistiques étaient
protégés sans condition spéciale au même titre que les
livres ; les autres articles, enfin, n'étaient soustraits à la
contrefaçon qu'autant que leur auteur avait manifesté,
par des réserves expresses, sa volonté de conserver la
propriété de son travail.

Cette disposition fut modifiée, au cours de la conférence de 1885, sur la demande du délégué de l'Angleterre
qui la considérait comme en opposition formelle avec sa
législation (1) ; et, à l'instar de plusieurs lois citées par
nous précédemment (n° 86), on vota l'article 7 qui est
ainsi conçu : « Les articles de journaux ou de recueils
« périodiques publiés dans l'un des pays de l'Union
« peuvent être reproduits, en original ou en traduction,
« dans les autres pays de l'Union, à moins que les au-
« teurs ou éditeurs ne l'aient expressément interdit.
« Pour les recueils, il peut suffire que l'interdiction soit

1. V. *Journ. de dr. int. pr.*, 1885, p. 492.

« *faite d'une manière générale en tête de chaque numéro du*
« *recueil.*

« *En aucun cas, cette interdiction ne peut s'appliquer aux*
« *articles de discussion politique ou à la reproduction des nou-*
« *velles du jour et des faits divers.* »

D'après la nouvelle rédaction, il n'y a donc plus que
deux catégories d'articles. — 1° Les nouvelles du jour,
faits divers et études politiques qui sont abandonnés à la
reproduction. En ce qui concerne la politique, il a été
convenu que cela ne visait que la politique du jour. Les
articles de politique rétrospective n'engendrent plus la
même nécessité d'une libre discussion et d'une entière
diffusion ; ils font partie de l'histoire beaucoup plus que
la polémique actuelle, et, à ce titre, ont droit à protection (1). — 2° Les autres articles pour lesquels il faut
une réserve expresse, afin de les défendre contre la contrefaçon. S'il s'agit d'un journal, l'interdiction devra être
faite spécialement pour un article ; s'il s'agit d'un recueil,
elle pourra être faite en tête de ce recueil (*Sic* : loi belge,
1886, art. 14 ; — Conv. franco-allem. 1883, art. 5, § 3 ;
— franco-italienne, art. 5, § 3).

Voilà dès lors ce qui constitue le droit commun dans
les rapports entre pays signataires de l'Union. Tout jour-
naliste, critique, feuilletoniste ou publiciste qui fera paraître des études dans une feuille périodique publiée sur
le territoire de l'un des pays de l'Union aura droit au
moins à la protection créée par cet article 7. Mais il est
évident qu'il laisse subsister toutes les dispositions plus
favorables et plus protectrices du droit d'auteur que

1. V. Numa Droz, *J. de dr. int. pr.*, 1885, p. 493.

pourraient renfermer les lois internes ou les conventions sur cette matière. C'est ainsi qu'en vertu d'un assez grand nombre de traités internationaux, les publications périodiques qui voudraient reproduire un article de journal sont dans l'obligation de mentionner la source où elles le puisent. Cette condition proposée, lors de la conférence de 1885, par plusieurs délégués, notamment ceux de l'Angleterre, fut repoussée comme difficile à exiger dans la situation du journalisme actuel. — C'est ainsi également qu'en vertu de nos traités avec l'Allemagne et l'Italie, les romans-feuilletons et articles de science ou d'art seront soustraits à la contrefaçon, sans qu'il y ait à faire des réserves (art. 5), et que, dans nos rapports avec l'Espagne, « les articles littéraires, scientifiques ou cri-« tiques, les chroniques, romans ou feuilletons, et, en « général, tous écrits autres que ceux de discussion po-« litique publiés dans les journaux ou recueils pério-« diques... ne pourront être reproduits ni traduits dans « l'autre pays, sans l'autorisation des auteurs ou de « leurs ayants cause. » (V. Darras, n°s 515 et s.).

Section II

Œuvres dramatiques et musicales.

90. — Nous n'avons qu'une très courte observation à faire au sujet de ces œuvres. Les distinctions et les questions de détail examinées par nous à propos des œuvres littéraires ne se représentent pas ici, en effet, en ce qui concerne du moins la définition et la détermination de la

portée de ces mots : ouvrage dramatique, composition musicale. Les difficultés de cette matière n'existent que dans l'étude des faits de contrefaçon relatifs à ces deux objets ; c'est à la seconde partie de ce travail que nous renvoyons cette étude.

Il nous suffira de dire, pour le moment, que toute œuvre dramatique, et par là nous entendons une production destinée à être reproduite oralement avec un jeu scénique, doit être protégée contre toute atteinte portée au droit de son auteur, atteinte qui peut être faite de façons différentes, ainsi que nous aurons à le voir plus loin. — La même observation s'applique aux œuvres musicales, lesquelles, comme le dit M. Pouillet (n° 554), « sont toujours des pensées, assurément plus vagues que « celles que la parole traduit, exprimées dans un lan- « gage moins précis, mais des pensées s'enchaînant, « ayant un sens et se communiquant à l'oreille par des « sons, aux yeux par des signes. »

La plus grande partie des lois internes et des conventions mentionnent spécialement les œuvres dramatiques, dramatico-musicales et musicales. Cette indication spéciale n'est pas nécessaire, du reste, pour en assurer la protection, car les premières rentrent dans la catégorie des œuvres littéraires, les dernières, dans celle des œuvres d'art, et les secondes, à la fois dans ces deux catégories. Rappelons enfin que l'article 4 de la convention de Berne (V. *suprà*, n° 88) les comprend formellement dans l'énumération des objets auxquels s'applique l'Union.

Section III

Œuvres artistiques.

§ I.

Théorie.

91. — La propriété artistique répondant encore plus que la propriété littéraire à cette aspiration vers l'idéal qui les caractérise toutes deux, a droit à la même protection de la part du législateur. Dans une œuvre d'art, comme dans un livre, il y a des éléments qui échapperont à cette garantie ; le sujet choisi par l'artiste, le procédé employé, tel que : peinture, sculpture, ou autre mode, appartiennent à tous, à moins, bien évidemment, qu'il ne s'agisse d'un procédé spécial, d'une invention industrielle. Mais la forme qui recouvre le tout et personnifie la production, comme l'enchaînement des pensées et le style spécialisent une œuvre littéraire, n'appartient pas au domaine public et demeure dans le patrimoine de l'artiste. Il résulte de là cette conséquence importante qui se produirait également en matière littéraire, c'est que la contrefaçon ne peut pas avoir lieu tant que la pensée n'est pas réalisée sous une forme matérielle. L'auteur ou l'artiste qui forme le projet d'un ouvrage, d'une statue, dont il communique l'idée première à un tiers qui la met à exécution avant son inspirateur, ne pourrait se plaindre que devant un aréopage érigé en arbitre de la délicatesse et non de la justice.

92. — Sous le bénéfice de cette réserve, il y a lieu de garantir toute conception artistique, sans qu'on doive distinguer, comme le font quelques auteurs, entre les arts dits créateurs, tels que la peinture, la sculpture, qui font en général sortir l'œuvre directement du génie de l'artiste, et les arts appelés reproducteurs, tels que : la gravure, le dessin, qui servent en général à la propagation, à la diffusion des produits de la première catégorie, et auxquels, à raison de ce fait, on refuse toute garantie artistique. Cette distinction arbitraire méconnaît ce principe que le droit de propriété n'est pas attribué à telle ou telle branche de l'art, par suite du degré plus ou moins élevé qu'elle occupe, mais uniquement parce qu'elle porte la marque du travail intellectuel et de la personnalité de son auteur. Or, ces deux signes peuvent se trouver dans toute œuvre d'art, qu'elle soit la résultante d'une conception abstraite, ou qu'elle provienne d'une œuvre antérieure qui en a inspiré l'exécution.

C'est ainsi qu'on ne saurait contester le droit de propriété artistique à l'auteur d'un moulage, d'une réduction de sculpture, d'une gravure faite d'après un tableau..., etc.

De même que la matière et le procédé employés par l'artiste sont sans influence sur son droit, de même également le but par lui poursuivi ne peut porter obstacle à sa prérogative, et la destination industrielle qu'il pourrait faire de son travail ne lui enlèverait pas les avantages que peut engendrer toute production du domaine de l'art.

§ 2.

Lois internes.

93. — Ces principes sont généralement admis par les lois des peuples civilisés. Il n'y a guère de difficultés qu'au sujet de quelques productions spéciales que plusieurs législations hésitent à placer au rang des œuvres d'art : la photographie, l'architecture, la chorégraphie et dont nous parlerons un peu plus loin.

94. — En France, si l'article 1er de la loi de 1793 et l'article 425 du Code pénal ne semblent parler que de la peinture et du dessin, il ne faut pas interpréter restrictivement ces termes, car, d'une part, l'article 427 du Code pénal parlant des « planches, moules ou matrices » au sujet de la confiscation, montre bien que la sculpture rentre dans les termes de la loi, et, d'autre part, l'article 7 de la loi de 1793 étend la portée de cette loi à « toute autre production de l'esprit ou du génie qui appartiennent aux beaux-arts. »

Parmi les législations les moins généreuses, on peut citer celle de l'Autriche (loi du 19 oct. 1846) qui exige une réserve formelle de la part de l'artiste pour lui conserver la propriété de son œuvre, à moins qu'il n'exerce son droit dans les deux années qui suivent la mise au jour de cet ouvrage.

C'est dans l'acte du 8 juillet 1870 (S. 86), aux États-Unis, qu'il faut chercher l'énumération la plus complète qui ait été faite des différentes catégories d'objets du droit de propriété artistique ; elle mérite d'être reproduite ici à titre de modèle : « Tout citoyen ou habitant « des Etats-Unis qui sera auteur, inventeur, créateur ou « propriétaire... d'une carte de géographie, d'un plan..., « d'une gravure quelconque, d'une estampe, d'une pho- « tographie ou d'un cliché photographique, d'une pein- « ture, d'un dessin, d'une chromolithographie, d'une sta- « tue, d'une sculpture, d'un modèle ou d'une esquisse « destinés à être perfectionnés comme œuvres d'art...., « jouit du droit exclusif de les imprimer, réimprimer, « publier, compléter, copier, exécuter, achever et ven- « dre.»

95. — L'article 21 de la loi belge du 22 mars 1886 déclare formellement que l'œuvre d'art reproduite par des procédés industriels ou appliquée à l'industrie reste néanmoins soumise aux règles de la propriété artistique. Le silence de notre loi sur ce point a fait naître une controverse que la jurisprudence semble vouloir trancher en décidant que toute œuvre d'art destinée à une reproduction industrielle doit être rangée dans la classe des dessins et modèles de fabrique régis par les lois spéciales sur la matière (Cass., 17 janvier 1882, *Gaz. Pal.*, 1882-1883. p. 168). Nous pensons avec beaucoup d'auteurs (1) qu'une pareille distinction est absolument contraire à la loi de 1793 qui ne s'est nullement occupée du but poursuivi par l'artiste pour le protéger contre la contrefaçon.

1. Voir notamment Renouard, t. II, p. 81 ; — Pouillet, nᵒˢ 78-80 ; — Darras, nᵒ 211 ; — Ruben de Couder, V. Prop. art. nᵒ 96.

Quel sera, du reste, le critérium à l'aide duquel on pourra discerner un dessin industriel d'un dessin artistique? La loi n'en indique aucun et nos adversaires se divisent sur ce point pour donner un assez grand nombre de solutions différentes qui présentent toutes, à nos yeux, le défaut d'être entièrement arbitraires. On devra donc protéger en France l'ouvrage paru à l'étranger et présentant ce caractère.

§ 3.

Conventions et Union.

96. — Comme pour ce qui concerne la propriété littéraire, la plupart des conventions contiennent une énumération de certains objets compris dans la protection artistique et la terminent par une formule générale qui embrasse tout ce qui relève des beaux-arts. Nous verrons plus loin (n°s 106 et s.), en étudiant le principe relatif à l'assimilation des étrangers aux nationaux, inscrit dans presque toutes les conventions, que ces énumérations n'ont peut-être pas toute la portée qu'on serait tenté de leur attribuer au premier abord ; mais il est vrai néanmoins qu'elles ont pour effet salutaire de répandre et de faire connaître les noms des différentes œuvres susceptibles de protection.

Par exception, le traité du 19 avril 1884, avec les Pays-Bas, pas plus que celui du 29 mars 1855, ne parlent des œuvres artistiques. Cette omission est d'autant plus regrettable que les artistes sont très imparfaitement protégés dans ce pays (les sculpteurs ne le sont pas), et qu'il ne fait pas encore partie de l'Union.

97. — Au sujet de cette dernière, nous avons vu précédemment (n° 88), en reproduisant son article 4, l'étendue que la convention nouvelle attribue aux mots : œuvres artistiques ; nous ne reviendrons pas sur l'énumération qu'il contient et a été empruntée en grande partie aux traités internationaux les plus favorables à la protection. Il y aurait lieu, du reste, de reproduire ici, au sujet de cette énumération, l'observation par nous faite au n° 39 et rappelée au n° 88 *in fine.*

APPENDICE.

§ 1.

Architecture.

98. — Certains auteurs refusent à l'architecture la protection artistique parce qu'elle leur semble répondre à des besoins d'un ordre inférieur, parce que le travail matériel y prédomine et que l'ouvrage étant exposé publiquement aux yeux de tous, on doit supposer que l'architecte a abandonné au domaine public les créations relevant plus particulièrement des beaux-arts qu'il a pu affecter à l'édifice. Comment pourrait-on, du reste, appliquer cette sanction normale de la contrefaçon : la confiscation ? C'est la solution admise en Angleterre et

aux États-Unis, où le Common-Law ne semble pas s'être occupé de ce point et où les statuts ne parlent pas de l'architecture. Les lois allemande et scandinave sont également hostiles à cette protection (V. Darras, n° 321).

99. — Nous repoussons ce système étroit qui ne voit dans le travail architectural que le produit d'une main-d'œuvre. Sans doute, quand le côté matériel dominera seul, il n'y aura pas de propriété artistique ; mais si l'architecte crée une œuvre présentant un cachet d'originalité et de personnalité, il a droit à conserver le bénéfice de cette création produite par son talent seul. L'impossibilité où il se trouverait de faire confisquer l'édifice contrefaisant ne peut être un obstacle à ce droit ; il lui restera, du reste, la possibilité de faire saisir les plans, dessins, croquis ayant servi à cette contrefaçon.

Le silence gardé par la loi du 19 juillet 1793 sur ce point, chez nous, ne doit pas être interprété dans un sens défavorable à la garantie, car, d'une part, nous avons vu que cette loi ne parle pas également de la sculpture, et, d'autre part, la mention qu'elle fait des dessins peut embrasser notre hypothèse. L'idée générale de cette loi a été, d'ailleurs, ainsi que le montre son article 7, de s'appliquer à toutes les productions de la littérature et des beaux-arts. Ce fait suffit à nos yeux pour nous permettre de dire que les étrangers peuvent invoquer en France la protection artistique même pour les ouvrages dessinés ou construits par eux à l'étranger. Quant aux auteurs qui attribuent au décret de 1852 un effet innovateur, ils sont obligés de se maintenir dans les termes de l'article 1° de ce décret pour résoudre la question. Cet article parlant seulement d'ouvrages *publiés* à l'étranger ne semble peut-être pas devoir s'étendre à notre hypothèse. Nous croyons toutefois, avec M. Darras (n° 215), qu'il ne faut pas l'interpréter restrictivement, et qu'il a eu principalement pour but de réformer le système suivi par la jurisprudence qui refusait de garantir toute œuvre quelconque ayant vu le jour à l'étranger.

100. — L'article 4 de l'Union comprend dans son énumération les plans, croquis, ouvrages plastiques relatifs à l'architecture : ils sont donc protégés d'une façon absolue. Mais le privilège de réédification, qui fait partie également de la propriété architecturale, ne nous semble pas compris dans cette énumération, il ne sera donc garanti que sous la double condition d'être reconnu par la loi du pays d'origine et par celle du pays où la réédification aurait été faite.

§ II

Photographie.

101. — Une longue discussion, à laquelle nous ne pouvons faire qu'une brève allusion, s'élève au sujet de la photographie. Beaucoup d'auteurs, faisant ressortir la différence qui existe entre le travail de l'artiste proprement dit et celui du photographe, refusent à ce dernier le bénéfice des lois sur la propriété des œuvres d'art. Sans doute, la création artistique est moins grande ici

qué dans la statuaire ou la peinture ; ce n'est pas à dire cependant qu'elle soit nulle. Le rôle plus ou moins important que joue l'appareil dans la photographie ne signifie pas que le rôle du photographe se réduise à un pur travail manuel. Il suffit, pour s'en convaincre, de se rappeler que toute production de ce genre présente le caractère d'individualité, de personnalité qu'on doit retrouver dans une œuvre d'art, et que deux photographes se servant du même modèle et du même instrument, produiront des épreuves différentes (V. Darras, n° 83, Pouillet, n° 105).

102. — Certaines législations, comme celles de la France et de l'Italie, sont muettes sur cette matière et laissent aux tribunaux le soin de décider si la photographie est un art ou une industrie. La jurisprudence française n'a pas de système bien établi et oscille de la protection la plus absolue à l'absence complète de garantie (V. Pouillet, n°s 100 et s.). La généralité des termes de la loi de 1793 nous paraît cependant permettre d'y comprendre ces découvertes artistiques dont le législateur assurait ainsi la protection à l'avance. Cette assimilation ne se trouve guère que chez les Anglais (25 et 26 Vict., c. 68, s. 1) et les Américains (V. acte du 8 juillet 1870, cité *suprà*, n° 94). La plus grande partie des législations civilisées se contentent de considérer les photographies « comme des productions artistiques d'un ordre inférieur, « et, par suite, ne les défendent que contre les repro- « ductions mécaniques dont elles peuvent être l'objet. Le « droit exclusif se borne donc à interdire la copie pho-

« tographique et le transport mécanique de la photogra-
« phie sur une planche à tirage. » (*Sic*: Allemagne, loi du
10 janv. 1876, art. 12 ; Hongrie, 1ᵉʳ juillet 1884, §§ 69 à
75 ; lois scandinaves). Le projet de loi français sur la propriété artistique de 1879 déclare qu'il ne s'applique pas
aux œuvres photographiques (V. Ch. Lyon-Caen, *Rev. de
dr. int.* 1881, p. 123).

103. — La photographie figure au nombre des œuvres
artistiques dans les conventions suivantes : Hispano-Ita-
lienne (1880, 1, § 2) ; Hispano-Belge (1880, 1, § 2) ;
Franco-Italienne (1884, 1, § 3) ; Franco-Belge (1881, 1,
§ 1 ; Franco-Suisse (1882, 1, § 1 et 16). Dans ces deux
dernières, on assimile, pour la protection, les photographes de ces deux pays aux nôtres. Il en résulte que la jurisprudence française, avec son défaut d'uniformité, leur
est applicable.

104. — En 1884, à la première conférence diplomatique de Berne, les délégués français cherchèrent à faire
introduire dans l'article 4 du projet la mention des œuvres photographiques, ce qui aurait eu pour effet d'en assurer la protection, comme œuvre d'art, dans toute l'étendue de l'Union. Une vive opposition de la part des pays
hostiles à cette protection fit ajourner la question, et,
l'année suivante, malgré leurs efforts réitérés, nos représentants ne purent obtenir l'assimilation qu'ils deman-
daient. On se contenta d'insérer dans le protocole de clôture un article 1º qui est ainsi conçu : « *Au sujet de*
« *l'article 4, il est convenu que ceux des pays de l'Union*

« *où le caractère d'œuvres artistiques n'est pas refusé aux*
« *œuvres photographiques s'engagent à les admettre, à par-*
« *tir de la mise en vigueur de la convention conclue en*
« *date de ce jour, au bénéfice de ses dispositions. Ils ne*
« *sont d'ailleurs tenus de protéger les auteurs desdites*
« *œuvres, sauf les arrangements internationaux existants ou*
« *à conclure, que dans la mesure où leur législation permet de*
« *le faire.*

« *Il est entendu que la photographie autorisée d'une œuvre*
« *d'art protégée, jouit, dans tous les pays de l'Union, de la*
« *protection légale, au sens de ladite convention, aassi long-*
« *temps que dure le droit principal de reproduction de cette*
« *œuvre même, et dans les limites des conventions privées en-*
« *tre les ayants-droit.* »

Il résulte de cette disposition qu'il faut mettre à part, tout d'abord, la photographie autorisée d'une œuvre d'art protégée ; celle-là est protégée aussi longtemps que l'œuvre elle-même.

Pour les autres, l'Union ne s'occupe que des pays où le caractère d'œuvres artistiques n'est pas refusé aux œuvres photographiques, comme la France, l'Angleterre; ces nations formeront une sorte d'Union restreinte pour laquelle on appliquera les mêmes principes que si la photographie avait été formellement mentionnée dans l'article 4. Quant aux autres législations, qui sont les plus nombreuses, aucune extension n'est apportée à leur étendue restreinte. Elles pourront se refuser à protéger les photographies parues dans un pays voisin de l'Union.(1)

1. V. Droz, *Journ. d. dr. int. pr.*, 1885, p. 489. Ch. Soldan, *Rev. gén. du dr.* 1886, p. 416. Darras, n. 475.

§ III.

Chorégraphie.

105. — En dehors de la musique et des paroles, le pas de danse, le groupement particulier des personnages... etc, qui constituent l'action chorégraphique, peuvent donner lieu à un droit de propriété artistique. La loi italienne du 18 mai 1882, art. 1, sanctionne ce droit que plusieurs décisions françaises ont reconnu (V. Pouillet, n°s 40 et 41). — L'article 1 du traité franco-italien le mentionne expressément, et l'Union de Berne y fait allusion dans l'article 2 du protocole de clôture ainsi conçu :
« *Au sujet de l'article 9, il est convenu que ceux des pays de*
« *l'Union, dont la legislation comprend implicitement, parmi*
« *les œuvres dramatico-musicales, les œuvres chorégraphi-*
« *ques, admettent expressément lesdites œuvres au bénéfice*
« *des dispositions de la convention conclue en date de ce*
« *jour.*

« *Il est d'ailleurs entendu que les contestations qui s'élève-*
« *raient sur l'application de cette clause demeurent réservées*
« *à l'appréciation des tribunaux respectifs.* »

CHAPITRE III.

106. — L'examen des questions qui précèdent nous a permis, au point où nous en sommes arrivé, de pouvoir déterminer, d'une part, quelles sont les personnes à qui on doit accorder la protection littéraire ou artistique, dans un État donné, et, d'autre part, quelles sont les œuvres qui doivent être comprises sous ces deux dénominations : œuvres littéraires, œuvres d'art. Le droit international soulève en cette matière une question d'une très grande importance qu'il convient d'examiner immédiatement après l'étude de ces deux points. Si l'on se place en présence de la contrefaçon d'une œuvre étrangère qui a un droit acquis à être garantie, quelle est la loi qu'il faudra appliquer? Sera-ce celle du lieu d'origine de l'œuvre, du lieu de sa première apparition, ou bien au contraire celle du pays de contrefaçon?

§ I

Théorie.

107. — C'est surtout au point de vue de la durée de la protection que la solution de cette difficulté présente de

l'intérêt. Cette difficulté, du reste, touche à une autre beaucoup plus large du droit international et que nous ne pouvons que rappeler ici : elle ne constitue, en effet, qu'une phase de la grande question du statut réel et du statut personnel. Le principe de la personnalité des lois, par lequel nous semble devoir être tranchée cette célèbre controverse, nous donnera également la réponse à l'interrogation que nous venons de nous poser dans le cercle restreint de notre matière. Mais il faut remarquer que ces mots : loi personnelle, loi d'origine, doivent être entendus d'une façon toute spéciale dans la plus grande partie des hypothèses qu'il y a lieu d'envisager. Pour une œuvre encore inédite, manuscrite, la loi d'origine sera forcément la loi personnelle de son auteur ; mais pour l'ouvrage qui a été l'objet d'une publication, d'une mise au jour matérielle et publique, c'est la loi du pays de cette apparition qui doit être considérée comme loi d'origine de l'œuvre, parce que cette dernière, reflet de la société et de la civilisation dans laquelle elle est née, emprunte une nationalité propre au milieu d'où elle sort. Il n'y a plus lieu de tenir compte dès lors de la nationalité de son auteur.

Les conséquences de cette règle veulent que l'écrivain ou l'artiste puisse invoquer à l'étranger tous les droits reconnus par la loi du pays où il a fait paraître son travail, pourvu que ces droits ne soient pas contraires à l'ordre public international ; elles veulent aussi qu'il ne puisse invoquer que ces prérogatives là. C'est ainsi qu'il nous semble absolument antijuridique de prétendre que l'auteur contrefait dans un pays dont la législation re-

7

connaîtrait son droit privatif pourrait invoquer cette législation, même dans le cas où la loi d'origine de son œuvre ne lui assurerait aucune protection, ou ne la lui assurerait plus par suite de l'expiration du délai de garantie (1).

108. — L'opinion opposée qui résout ce conflit de lois en appliquant la législation du pays d'importation et en assimilant l'étranger au national de ce pays prévaut cependant dans la pratique et dans la théorie (2). Nous aurons à voir, toutefois, que les restrictions apportées à ce système par les lois internes qui le proclament sont telles que c'est bien plutôt la loi d'origine qui est au fond appliquée.

Cette idée d'assimilation, recommandée par différents congrès (Paris, 1878 ; Vienne, 1881 ; Bruxelles, 1884), a pu séduire le législateur à raison de la simplicité qu'elle apporte dans la protection, mais ce motif n'est pas suffisant pour enlever à un auteur étranger le bénéfice de la règle générale du statut personnel.

§ II

Lois internes.

109. — La jurisprudence et les auteurs français admettent généralement que le décret de 1852 n'a fait que sanctionner chez nous l'application du principe de la

---

1. V. Fliniaux, *Rev. gén. du dr.*, 1879, p. 144.

2. V. Darras, n⁰ˢ 300 et s. Celliez, Comptes rendus du Congrès littéraire international de 1878, p. 58 et s. Paquy, *op. cit.*, p. 145.

personnalité des lois (1). Le seul effet de nos lois est de permettre aux étrangers d'invoquer en France les prérogatives qui leur sont reconnues par leurs lois d'origine. On ne leur attribue pas, à moins d'une indication expresse, de plein droit, des facultés qu'ils ne posséderaient pas chez eux. Le décret de 1852 ne contient pas cette dérogation formelle qui serait nécessaire pour appliquer le système de l'assimilation. Il se contente de renvoyer aux lois spéciales sur la matière afin d'accorder seulement par là la même protection pénale aux Français et aux étrangers. On a du reste fait remarquer avec beaucoup de raison que cette idée d'assimilation sur le fond du droit était formellement repoussée par l'article 4 de ce décret dont le premier mot « néanmoins » serait incompréhensible, si l'on voulait interpréter le décret dans le sens de cette théorie, et devrait plutôt être remplacé par les mots « par conséquent. » En résumé, comme l'a très bien montré le jugement du tribunal de Paris dans l'affaire Grus c. Ricordi dont nous avons parlé plus haut (V. n°s 44 et s.), ce décret « suppose des « droits préexistants et ne donne aux auteurs que le « moyen de faire respecter ceux qu'ils peuvent avoir ac-« quis en pays étranger. »

Certains auteurs cependant, qui admettent en principe cette règle, la font fléchir pour le cas où la durée du droit fixée par la loi étrangère serait supérieure à celle fixée par la loi française, car, prétendent-ils, il est impossible que la loi française se montre plus favorable

1. V. Darras, n° 226. — L. Renault, *Journ. de dr. int. pr.*, 1878, p. 137. — Fliniaux, *Rev. gén. du dr.*, 1879, p. 29 et s.

pour les étrangers que pour les nationaux. Cette observation les amène à penser que, dans une pareille hypothèse, nos lois ne devront pas protéger l'étranger au-delà du terme fixé par la loi du 14 juillet 1866 (1). — Il est impossible de ne pas reconnaître avec M. Fliniaux tout ce qu'une pareille argumentation a d'arbitraire. Nulle part nos lois, au sujet des droits qu'elles permettent aux étrangers d'invoquer en France, n'établissent une pareille sélection dans le but de repousser ceux d'entre eux qui pourraient être plus larges que les nôtres, et il arrive fréquemment que nos tribunaux reconnaissent au profit d'étrangers des prérogatives dont ne jouissent pas les Français. L'ordre public international seul peut limiter cette règle, or le fait d'une protection plus longue reconnue à l'auteur ou à l'artiste par une loi étrangère, ne lui est certainement pas contraire. Tout au plus pourrait-on soutenir que le principe de la perpétuité de la propriété intellectuelle, reconnu par quelques peuples, est incompatible avec lui ; cela même ne nous semblerait pas exact et nous ne verrions dans le système de la temporanéité qu'une question d'ordre public interne.

Ajoutons du reste que, sans aucune difficulté, tout ce qui a trait à la procédure et à la pénalité se trouve soumis à la règle de la territorialité.

110. — L'idée de l'assimilation de l'étranger au national, repoussée par le décret français de 1852, se trouve au contraire consacrée en termes exprès par la plus grande partie des législations civilisées et des con-

1. V. Darras, n° 226. — Paquy, *op. cit.*, p. 84.

ventions internationales ; toutefois, les deux dérogations très importantes qu'on y apporte altèrent ce principe dans une notable mesure et ramènent presque la pratique au système opposé. On déclare en effet, d'une part, que l'étranger ne pourra invoquer que les droits qui lui sont reconnus par la loi d'origine, et, d'autre part, qu'il ne pourra les invoquer pour une durée plus longue que celle fixée par cette loi (V. loi belge de 1886, art. 38).

§ III

Conventions.

111. — C'est cette combinaison de la loi d'origine et de la loi du pays de contrefaçon qui forme la base du plus grand nombre des conventions internationales (voir nos traités avec les Pays-Bas, 1855, I, §§ 1, 2 ; le Luxembourg, 1865, I, §§ 1, 2 ; le Portugal, 1866, I, §§ 1, 2 ; l'Autriche, 1866, I, §§ 1, 2 ; la Suisse, 1882, I, §§ 1, 2 ; l'Allemagne, 1883, I, §§ 1, 2 ; l'Italie, 1884, I, §§ 1, 2). Il en résulte que les formules un peu vagues par lesquelles on décide parfois, dans les conventions, qu'on entend protéger les œuvres littéraires et artistiques, sont restreintes par la loi d'origine et la loi d'importation : c'est la plus étroite des deux qui impose sa volonté.

§ IV

Union.

112. — Le projet de l'Association littéraire internationale de 1883 plaçait l'étranger au même rang que le na-

tional, et appliquait d'une façon absolue, sauf pour les formalités relatives à la conservation du droit, le principe de la territorialité qui fut appuyé plus particulièrement, au sein des conférences diplomatiques, par les délégations française et helvétique. Ce principe, maintenu dans la conférence de 1885, se trouve formulé dans le premier paragraphe de l'article 2 aux termes duquel « les « auteurs..... jouissent..... des droits que les lois res- « pectives accordent actuellement ou accorderont par la « suite aux nationaux. » Toutefois, à l'imitation de presque toutes les conventions internationales, une exception fut apportée à cette règle en ce qui concerne la durée du droit : elle se trouve formulée dans l'article 2, § 2, ainsi conçu : « *La jouissance de ces droits est subordonné à* « *l'accomplissement des conditions et formalités pres-* « *crites par la législation du pays d'origine de l'œuvre :* « *elle ne peut excéder, dans les autres pays, la durée de* « *la protection accordée dans ledit pays d'origine.* » L'U- nion, appliquant ici les principes théoriques indiqués par nous précédemment (V. n° 107), ajoute, à la fin de l'article 2 : « *Est considéré comme pays d'origine de l'œu-* « *vre, celui de la première publication, ou, si cette publication* « *a eu lieu simultanément dans plusieurs pays de l'Union,* « *celui d'entre eux dont la législation accorde la durée de* « *protection la plus courte. — Pour les œuvres non publiées,* « *le pays auquel appartient l'auteur est considéré comme* « *pays d'origine de l'œuvre.* »

L'Union pour la protection de la propriété industrielle de 1883 avait posé le principe de l'assimilation absolue entre les nationaux et les citoyens d'un autre Etat signa-

taire ou les étrangers qui y sont domiciliés ou y ont un
établissement (article 2). Il peut se faire par là, contrairement aux conséquences produites par l'Union littéraire
et artistique, qu'un industriel soit plus protégé à l'étranger que dans son pays. C'est ainsi que les Hollandais
peuvent obtenir des brevets d'invention dans l'étendue
de la Convention, bien que les brevets n'existent plus en
Hollande depuis 1869 (1).

Clause de la nation la plus favorisée.

113. — Un certain nombre de conventions, notamment
celles conclues par la France avec les pays suivants :
l'Espagne, art. 6 ; la Belgique, 1 § 4 ; la Suisse, 1, 6,
16 ; l'Allemagne, 16 § 1 ; l'Italie, 10, renferment une
clause spéciale qui est ainsi formulée dans le traité
franco-espagnol : « Il est entendu que si l'une des Hautes
« Parties contractantes accordait à un Etat quelconque,
« pour la garantie de la propriété intellectuelle, d'autres
« avantages que ceux qui sont stipulés dans la présente
« convention, ces avantages seraient également concé-
« dés, dans les mêmes conditions, à l'autre partie con-
« tractante. » Cette disposition, connue sous le nom de
« clause de la nation la plus favorisée, » est empruntée
aux usages des traités de commerce dans lesquels elle a
pour but d'empêcher les conséquences fâcheuses qu'entraînerait pour chacune des parties la signature, de la
part de l'autre pays, d'un traité de commerce plus avan-

1. Barberot. Thèse de doctorat : *De la propriété industrielle dans
les rapports internationaux,* p. 189.

tageux, avec un autre Etat. Mais ces dangers ne sont pas à craindre en matière de propriété intellectuelle. C'est au contraire la concurrence des traités avantageux qui est plus favorable aux auteurs et aux artistes, car elle tend à développer leurs droits ; aussi, cette disposition, qui n'est en quelque sorte qu'un expédient, qui enlève toute fixité et toute stabilité aux arrangements qui la consacrent, ne saurait être recommandée. Son plus grand inconvénient, celui que l'expérience a surtout démontré, c'est l'immense difficulté et complication qu'elle apporte dans l'application des conventions.

C'est ainsi qu'à propos du procès de l'*Assommoir* de MM. Zola et Busnach, on ne s'est aperçu qu'en 1880 que le tarif des reproductions dramatiques, contenu dans le traité franco-belge de 1861, avait été abrogé par le traité belge-portugais de 1866, et cela, en vertu de la clause de la nation la plus favorisée, renfermée dans la première de ces deux conventions (1).

Titre II

Durée.

§ I

Théorie.

114. — L'idée de propriété appliquée aux droits intellectuels semble devoir conduire nécessairement à les

1. Voir, au sujet de cet important procès de droit international, Darras, n° 457.

déclarer perpétuels : nous avons répondu par avance
(V. n° 48) à cette objection faite à la théorie de la propriété littéraire et artistique. Le principe de la perpétuité, défendu par Voltaire et Diderot au siècle dernier,
et soutenu par quelques auteurs modernes (1), constituerait une entrave pour le développement et les progrès
de l'intelligence et de la civilisation d'une société ; l'intérêt public exige donc qu'il soit repoussé. Il est à remarquer, du reste, que le plus souvent cette prérogative
ne profiterait pas à l'auteur lui-même, ou à ses héritiers,
mais plutôt à un cessionnaire, à un éditeur. Sans vouloir
prétendre, comme on l'a fait souvent pour justifier le
système de la temporanéité, que dans toute production
artistique ou littéraire, il y a une certaine participation
de la société qui donne à cette dernière le droit d'exiger
qu'on lui rende, après un délai fixe, la jouissance exclusive de ce qui est sorti de son fonds, il est bien permis
de faire remarquer que le droit d'auteur puisant sa
source dans le travail, il en résulte que ce droit doit disparaître quand ce travail a reçu sa rémunération équitable. Les difficultés qu'entraînerait d'ailleurs dans la
pratique la mise en œuvre d'un pareil principe suffisent
à montrer que si, au point de vue de la théorie pure,
une semblable règle peut sourire à l'esprit, elle ne saurait être adoptée cependant en législation. Le morcelle-
ment à l'infini entre les héritiers en rendrait l'exécution
impossible, à moins toutefois de déterminer à l'avance
un certain ordre dans la transmission, mais il y aurait
alors une atteinte grave portée à la propriété et à l'éga-

1. V. 2e résolution du congrès litt. int. de Paris, 1878.

lité entre héritiers par la constitution de ces majorats intellectuels.

115. — Le système de la temporanéité étant admis, quelle doit être la durée du droit ? Certains auteurs préconisent l'usage d'un délai fixe, ordinairement 100 ans (1), et font remarquer que ce moyen est le seul permettant d'assurer avec justice et égalité le salaire afférent à chaque production. Il nous paraît préférable de décider que la protection doit être reconnue pendant toute l'existence de l'auteur et, après lui, pendant une durée fixe qui ne devrait pas être inférieure à 50 années. Ce système évite les inconvénients du premier en ce qu'il ne crée qu'un seul point de départ pour la période déterminée à l'avance quant à sa longueur ; il tient mieux compte aussi de ce fait que la propriété intellectuelle subit une transformation sensible quand elle passe de la tête de l'auteur sur celle de ses héritiers. Chez le premier, elle revêt un caractère de personnalité, d'intimité telle qu'on doit la lui garantir d'une façon absolue pendant toute sa vie ; chez les autres, au contraire, le côté pécuniaire du droit prédomine, il est bon, dès lors, d'appliquer le premier système et d'instituer un délai fixe.

§ II

Lois internes.

116. — La perpétuité, appliquée en France dans les règlements de 1777 et dans la loi du 18 mars 1806 sur

1. V. en ce sens, Darras, nº 90 ; Pouillet, nº 137 ; Laboulaye, *Rev. de lég.*, 1852, p. 294.

les dessins de fabrique, reconnue en Angleterre par le
Common-law, n'existe plus aujourd'hui qu'au Mexique,
où elle a été sanctionnée par le Code civil promulgué le
1er mars 1871 (1).

117. — La plus grande diversité règne dans les lois
internes sur cette question de la durée. Il arrive même
fréquemment que dans une seule législation le délai varie suivant qu'il s'agit du droit de reproduction, de représentation, d'exécution, ou suivant qu'il s'agit d'une
œuvre d'art ou de lettres.

Le plus grand nombre des nations ont admis le système indiqué plus haut par nous comme étant le meilleur
et donnent à la protection une durée fixe dont le point
de départ ne commence qu'à la mort de l'auteur. Cette
durée est de 80 ans en Espagne (art. 6, loi de 1879).
Elle est de 50 ans en France (1866, art. 1), et dans les
pays suivants : Belgique (1886, 2); Danemark (21 février
1868); Hongrie (1884, § 11); Norwège (1876, 7); Portugal (579, Code civil); Russie (art. 283, Recueil des lois
de l'empire); Suède (1877, 7). — Elle est de 30 ans en
Allemagne (1870, 8); Autriche (1846); Suisse (1883, 3).

118. — En Hollande, d'après la loi du 28 juin 1881, la
protection dure 50 ans à partir du jour du dépôt, à
moins que l'auteur ne survive, auquel cas le droit s'é-
teint avec lui. — Au Japon, l'acte de 1875 a fixé la durée à 30 ans à partir de la 1re publication avec possibilité
de la porter à 45 ans.

1. Il paraît toutefois qu'elle serait également admise en Chine.

119. — En Angleterre et aux Etats-Unis, la réglementation de ce point présente quelques complications qui peuvent paraître singulières.

Le Statut 5, 6, Vict., c. 45, S. 3, permet aux héritiers d'invoquer le droit pendant 7 ans après la mort de l'auteur, et, de plus, ce délai de 7 ans peut être prolongé, en tous cas, jusqu'à l'expiration de la 42e année qui suit la publication première.

Aux Etats-Unis (St. Rév., 4953-4), le droit dure pendant 28 ans et se prolonge d'une durée nouvelle de 14 ans pour le cas où l'auteur survivrait ou laisserait des enfants ou une veuve.

120. — Enfin, d'après la loi italienne de 1882 sur laquelle nous aurons à revenir plus loin en ce qui concerne ce point, la garantie existe en principe pendant toute la vie de l'auteur et, après sa mort, pendant 40 ans au profit de ses héritiers. Toutefois, si, au décès de l'auteur, il s'est écoulé moins de 40 ans depuis la première apparition de l'œuvre, les héritiers ont le droit de terminer cette première période de 40 ans avant de commencer la seconde pendant laquelle, ainsi que nous le verrons plus loin, la protection n'est plus assurée de la même façon (1).

---

1. Sur cette question de la durée du droit dans les lois internes, voir Darras, nos 344 et s. Un certain nombre de législations, dans l'étude desquelles nous ne pouvons pas entrer ici, restreignent la durée de la protection, pour le droit de représentation, d'exécution et pour la propriété artistique, dans des limites plus étroites que celles fixées à la garantie des œuvres littéraires.

§ 3.

Conventions et Union.

121. — Quelques conventions, très peu nombreuses, fixent un délai déterminé pour la protection réciproque des auteurs ou artistes. Cette durée est de 50 années à partir du décès de l'auteur pour les conventions franco-espagnole (1880, 1), franco-salvadorienne (1880, 10) et hispano-portugaise (1880, 1, § 2). Le plus souvent, au contraire, la détermination de la période de garantie résulte de la combinaison des lois respectives de chacun des deux peuples signataires, par suite de l'application simultanée, sur ce point, du principe de la territorialité et de l'indigénat. La plus grande partie des conventions, en effet, après avoir posé la règle de l'assimilation des étrangers aux nationaux, ce qui permettrait de ne se préoccuper uniquement que de la durée fixée par la loi du pays de contrefaçon, ajoutent que les avantages stipulés au profit des auteurs « ne leur seront réciproque-« ment assurés que pendant l'existence de leur droit « dans leur pays d'origine. » Cette clause restreint la portée de la première règle et montre qu'au fond on se réfère à celle des deux législations qui favorise le moins la protection. S'il s'agit d'un droit qui n'est reconnu qu'au pays de contrefaçon, ce droit ne pourra donc pas y être invoqué par les nationaux de l'autre pays con-tractant et, cette conséquence importante montre encore combien sont grandes les dérogations apportées au sys-

tème de l'assimilation que presque tous les traités semblent avoir voulu formuler d'une façon absolue.

122. — Ce principe, qui avait trouvé sa formule dans
l'avant-projet de l'Association littéraire internationale de
1883 (art. 1), fut modifié, au cours des conférences diplomatiques de Berne. Plusieurs délégués se refusèrent à
admettre qu'un ouvrage pût être mis à l'abri de la contrefaçon, dans un pays étranger, alors qu'il aurait déjà
perdu ce droit dans son pays d'origine. On songea un
instant à la fixation d'un terme uniforme, mais ce procédé eut présenté les mêmes inconvénients, aussi fut-il
rejeté, bien qu'on le considérât comme pouvant figurer
au nombre des principes recommandés pour une unification ultérieure. Le congrès de 1884 émettait en effet ce
vœu, que la « protection accordée aux auteurs d'œuvres
« littéraires ou artistiques devrait durer leur vie entière
« et, après leur mort, un nombre d'années qui ne serait
« pas inférieur à trente. »

Le système adopté en définitive n'est autre que celui
de la majorité des conventions. La durée de la protection
ne pourra excéder ni le terme fixé par la loi d'importation
ni celui du pays d'origine. C'est la règle formulée par
l'art. 2, § 2, que nous avons reproduit plus haut (n° 112).

Le système de la personnalité des lois, qui nous semble
devoir régir en général les droits des personnes dans les
rapports internationaux, nous permet de critiquer cette
solution et de regretter, en ce qui concerne spécialement
la durée du droit, qu'on n'applique pas uniquement la
la loi du pays d'origine.

DEUXIÈME PARTIE

CONTREFAÇON ET FAITS ASSIMILÉS A LA CONTREFAÇON

CHAPITRE PREMIER

IDÉES GÉNÉRALES

123. — Le droit de l'auteur sur son œuvre étant ainsi délimité au double point de vue de l'étendue et de la durée, il y a lieu de rechercher par quel procédé la garantie de ce droit lui sera assurée contre les usurpations et les fraudes.

124. — Le système de l'expropriation pour cause d'utilité publique, que le projet de loi de 1841 admettait chez nous, en dehors de l'injustice qu'il assure en rendant indistinctement tous les membres de la société titulaires de ce droit, présente, dans son application, des difficultés qui suffisent à elles seules pour le faire écarter. Les tribunaux ne pourraient pas, en semblable matière, être chargés du soin d'apprécier l'utilité publique ; et si cette tâche était réservée aux pairs de l'écrivain et de l'artiste, qui ne voit les intrigues, les menées dont serait

environnée une pareille juridiction que les intéressés seraient les premiers à suspecter.

125. — Il serait plus équitable, assurément, de laisser
à chacun la liberté de fabriquer et de reproduire l'ouvrage sous la condition de payer à son auteur une certaine rétribution. Ce procédé, dit du *domaine public payant*,
avait séduit les membres du congrès littéraire réuni à
Paris en 1878, comme il avait été proposé déjà précédemment par la commission instituée en vertu du décret du
28 décembre 1860, pour « étudier et déterminer les véri-
« tables caractères des droits des écrivains, des savants
« et des artistes sur leurs œuvres. » Un grand nombre
de jurisconsultes et d'écrivains ou artistes en admettent
le principe, surtout en matière musicale et dramatique.
Mais, là encore, la pratique oppose à l'application de ce
système des obstacles qui en montrent tout le côté dange-
reux. Sur quelle base sera fixé le montant de la rémunération ? La fixité serait une injure à la diversité des ta-
lents et la variabilité ferait retomber dans les expertises
et les difficultés de la théorie de l'expropriation.

126. — Nous avons dit qu'à nos yeux la prérogative
reconnue au producteur intellectuel sur son œuvre s'ana-
lysait en un vrai droit de propriété : ce caractère nous
amène à reconnaître que c'est par l'idée du monopole
que son privilège doit être garanti. Il doit être, pendant
la durée de protection, maître de son ouvrage, comme le
propriétaire l'est de sa chose, libre de la publier, de le
vendre sans réserves, ou au contraire d'en empêcher la

divulgation, comme l'inventeur peut livrer sa découverte à la publicité, en trafiquer ou en refuser la diffusion.

127. — La plus grande partie des législations admettent ce principe et ne permettent la reproduction de la part d'un tiers que si elle a été faite en vertu d'une autorisation que le propriétaire peut accorder à titre vénal ou gracieux.

L'Italie fait exception à cette règle en la combinant avec l'application de la théorie du domaine public payant. Les articles 8 et 9 de la loi de 1882 assurent à l'auteur, sa vie durant, les avantages du monopole et étendent ce bénéfice au profit de ses héritiers jusqu'à la quarantième année qui suit l'apparition de l'œuvre, pour le cas où l'auteur est mort avant la fin de cette première période. Pendant une seconde période qui est uniformément fixée à une durée de 40 années, les héritiers, — comme si leur droit s'était affaibli entre leurs mains, — sont obligés de subir les conséquences du système du domaine public payant (1). L'article 28 de cette loi réserve même à l'État, aux provinces et aux communes le droit d'expropriation, mais seulement après la mort de l'auteur.

128. — L'Union de Berne n'a pas compris ce point au nombre de ses prescriptions générales, voulant ainsi le laisser régir par les lois internes de chacun des peuples adhérents.

1. Pour user du droit d'édition, il faut faire une déclaration au préfet, verser 5 0/0 à titre de redevance, et faire insérer la déclaration au moins deux fois, à 15 jours d'intervalle, dans un journal d'annonces et dans la « *Gazette officielle* » du royaume. L'inobservation est punie comme contrefaçon,

129. — D'une façon générale, la contrefaçon est la lésion qui est faite au droit de l'auteur par la reproduction de son œuvre faite sans son autorisation ; mais, de même que les produits de l'activité intellectuelle sont mutiples, de même également la contrefaçon peut se manifester sous des formes variables suivant la nature de l'ouvrage créé. C'est ainsi que pour une œuvre littéraire la réimpression et la traduction seront les modes les plus fréquents de publication illicite, tandis que pour une statue, une pièce de théâtre ou une partition, la reproduction proprement dite, la représentation et l'exécution constitueront en général la contrefaçon. Il faut donc examiner cette dernière sous ces différents aspects.

CHAPITRE II

Théorie.

130. — La copie intégrale du livre publié par un auteur étranger et sa publication par l'impression constituent le type de la contrefaçon, telle que nous avons à l'envisager dans cette étude. L'indication de la source n'exclurait pas le préjudice, et, partant, pas le délit.

En dehors de cette hypothèse, il est une foule d'autres faits, dans le détail desquels nous ne pouvons entrer ici, et qui doivent être compris dans la même prohibition. Rappelons seulement que, d'après le plus grand nombre des auteurs, la copie partielle ou la copie avec l'adjonction de quelques modifications intercalées dans le texte, constitueront aussi des faits de contrefaçon. Il en serait de même d'un abrégé qui, en dévoilant le plan, le développement, l'ordre des idées d'un ouvrage, cause un dommage à son auteur, surtout s'il s'agit de l'exposition de théories personnelles (1).

131. — Il faut, toutefois, reconnaître aux tribunaux un certain droit d'appréciation en cette matière. Ils auront

1. V. Pouillet, n° 466 et s.

à discerner où commence la contrefaçon et où finit le plagiat, cette piraterie littéraire que la bonne foi réprouve, mais que la loi n'atteint pas. Ils n'oublieront pas aussi que les idées, les opinions appartiennent à tous, et que les citations faites dans un but, soit de critique, soit d'éloge, de ces idées et opinions, ne peuvent pas être défendues.

Lois internes.

132. — Ces principes théoriques sont applicables en France où la législation n'a pas rigoureusement déterminé quels sont les faits de contrefaçon. Un certain nombre de lois étrangères autorisent formellement les citations, les compilations et les extraits faits dans un but d'enseignement, et l'on vise assurément par là des emprunts d'une certaine étendue (V. loi belge de 1886, art. 1 3; loi allemande du 11 juin 1870, 7° ; loi suédoise de 1877, art. 4). Les lois autrichienne et russe limitent ces citations suivant des règles déterminées (1).

Conventions et Union.

133. — Ces dérogations au principe de la protection ont pris un assez grand développement dans la plupart des conventions internationales. En dehors du droit de citation dans un but critique, qui est admis par le seul ef-

1. V. sur les lois de l'Allemagne, de l'Autriche-Hongrie, de l'Angleterre, des États-Unis un article de M. Chavegrin (*Journ. de dr. int. pr.*, 1888, p. 623).

fet des principes théoriques, on réserve en général le droit de faire des recueils ou chrestomathies destinés à l'enseignement ou à l'étude (V. les conventions conclues par la France avec le Portugal, 1866, art. 9 ; l'Espagne, art. 4 ; le Salvador, 1880, art. 7 ; la Belgique, 1881, art. 2 ; la Suisse, 1882, art. 2 et 16 ; l'Allemagne, 1883, art. 4). Certaines d'entre elles, comme la convention franco-espagnole, exigent que l'emprunt soit accompagné de notes explicatives dans une langue autre que celle dans laquelle a été publiée l'œuvre originale ; d'autres, comme la convention franco-allemande, veulent que la citation soit suivie de l'indication de la source où elle a été puisée.

134. — Le projet d'Union fait par l'Association ainsi que celui du Conseil fédéral étaient muets sur ces réserves. En 1884, on y inséra, à l'instar de l'article 4 de la convention franco-allemande, un article 8 qui autorisait, dans un but scientifique ou d'enseignement, la publication réciproque d'extraits, de fragments ou de morceaux entiers d'un ouvrage littéraire ou artistique ayant paru pour la première fois dans un autre pays de l'Union. En 1885, les représentants de l'Angleterre et de la France attaquèrent vivement cet article contre lequel le syndicat des sociétés littéraires et artistiques avait vivement protesté en faisant remarquer que c'étaient les ouvrages scolaires qui se vendaient le plus (1).

Pour arriver à une entente on prit le parti de réserver sur ce point l'effet des lois internes et des arrangements particuliers. L'article primitif qui ne nous paraît pas

1. V. *Journ. d. dr. pr.*, 1885, p. 64.

avoir mérité tous les reproches qu'on lui adressait, et qui avait le grand avantage d'établir l'uniformité sur un point d'une certaine importance, fut alors remplacé par le disposition suivante : « *En ce qui concerne la faculté* « *de faire licitement des emprunts à des œuvres litté-* « *raires ou artistiques pour des publications destinées à* « *l'enseignement, ou ayant un caractère scientifique, ou* « *pour des chrestomathies, est réservé l'effet de la légis-* « *lation des pays de l'Union et des arrangements parti-* « *culiers existants ou à conclure entre eux.* » — Les dérogations conventionnelles dont nous avons parlé plus haut continueront donc d'être applicables. Il fut entendu du reste, à cette conférence de 1885, que le droit de citation restreint à un but de discussion ou de critique demeurait intact, malgré cette disposition de l'article 8 (1).

Appendice. Traduction.

135. — Si la traduction devait être rangée au nombre des reproductions autorisées, la protection internationale de la propriété littéraire ne serait plus qu'un principe théorique dépourvu d'utilité, car on comprend facilement qu'il s'agit du procédé le plus fréquent de divulgation des ouvrages étrangers. On a cependant soutenu pendant longtemps que la traduction, à raison de la transformation qu'elle fait subir à l'œuvre première, du travail spécial qu'elle exige, et de la différence du public

____

1. V. *Journ. de dr. int. pr.*, 1885, p. 481.

auquel elle s'adresse, ne devait pas être considérée comme portant préjudice à l'auteur, et devait être autorisée (1). Ce système qui restreint arbitrairement le droit de l'écrivain sur son travail est aujourd'hui presque universellement condamné (2).

136. — L'assimilation de la traduction à la simple reproduction est loin, toutefois, d'être admise par toutes les législations. Cela vient de ce que dans un pays il n'y a qu'une langue écrite en général et qu'un Etat est surtout poussé à prendre soin de ses nationaux et non des étrangers.

La loi française, sur ce point comme sur tant d'autres, est restée muette, mais son silence, à nos yeux, ne saurait être interprété dans un sens défavorable à la protection. Nous avons fait rentrer le droit de l'écrivain sur son livre au nombre des droits naturels que nos lois garantissent à tous ; il en résulte, par conséquent, que l'étranger dont l'ouvrage a été publié hors du territoire français doit être admis à empêcher qu'il soit porté atteinte à sa propriété par la publication sur notre territoire d'une traduction de son œuvre. Même sans admettre la théorie générale que nous avons développée sur ce point au début de notre travail, on devrait encore reconnaître avec M. Renault (3) que le décret de 1852 a

---

1. V. Renouard, t. II, p. 36 et s.

2. V. Pouillet, nº 533 ; Darras, nº 58 et s.; Pataille, 56, 67. — V. également les résolutions du congrès littéraire international tenu à Paris en 1889 (séance du 25 juin).

3. V. *Journ. de dr. int. pr.*. 1878, p. 133.

sanctionné cette protection. Ajoutons, du reste, que, par application d'un principe dont nous avons eu plusieurs fois à signaler les conséquences, l'étranger ne pourrait pas obtenir en France une protection plus grande que dans son pays d'origine.

137. — Cette théorie qui résulte pour nous implicitement du texte de nos lois a été expressément sanction née par la loi belge du 22 mars 1886 dont l'article 12 porte que « le droit de l'auteur sur une œuvre littéraire « comprend le droit exclusif d'en faire ou d'en autoriser « la traduction (1). » — La loi espagnole du 10 janvier 1879 l'admet également (art. 13 à 15), mais seulement sous la condition de réciprocité.

La plupart des autres législations apportent d'assez graves restrictions à cette prérogative : la nécessité de faire des réserves expresses et l'obligation d'exercer la faculté de traduction dans un délai déterminé sont les plus fréquentes. Les difficultés naissant de la divergence de ces législations ont, du reste, perdu une grande partie de leur importance depuis la signature de la convention de Berne qui a placé la traduction au nombre des points sur lesquels elle est parvenue à établir un minimum d'unification.

138. — Le traité franco-hollandais ne garantit pas ce droit. Il en était de même du traité franco-russe, aujourd'hui dénoncé, et la Russie est devenue un des foyers de contrefaçon de la littérature étrangère. — Seuls les

1. V. Borchgrave, *Journ. de dr. int. pr.* 1887, p. 407.

traités signés par l'Espagne, à l'exception toutefois de celui conclu avec l'Angleterre, contiennent l'assimilation du droit de traduction au droit de reproduction pour la durée et les formalités (1). — Les autres exigent qu'une réserve expresse soit faite par l'auteur (2), ou que la traduction soit commencée et terminée dans un délai déterminé (un an et trois ans, comme dans le traité franco-anglais).

139. — L'unification obtenue sur ce point dans la convention de Berne n'a pu s'effectuer que grâce à des concessions réciproques. Aussi le système adopté est-il loin d'être parfait. Néanmoins, tel qu'il est conçu, il constitue un progrès notable et peut servir de gage pour une marche plus accentuée dans la voie de l'assimilation complète de la traduction à la reproduction proprement dite.

Aucune formalité n'est imposée, mais la durée de protection est restreinte dans une limite assez étroite. Cette assimilation désirable se trouvait inscrite dans le projet de l'association littéraire de 1883, mais, en 1884, pour tenir compte de l'état des lois internes sur cette matière, le congrès vota, à l'instar des dispositions du traité franco-allemand (art. 10), un système d'après lequel le droit de traduction était protégé pendant 10 ans, pourvu que, dans un délai de 3 ans à partir de la publication,

---

1. V. T. franco-espagnol, 1880, art. 3 ; — hispano-belge, 1880, art. 3 ; — hispano-portugais, 1880, art. 3 ; — adde franco-salvadorien, 1880, art. 3.

2. V. T. franco-anglais, 1851, art. 3, § 2 ; — franco-portugais, 1866, art. 5, § 2 ; — franco-autrichien, 1866, art. 5.

l'auteur eût fait paraître une traduction (1). L'année suivante, en 1885, les protestations du syndicat pour la protection de la propriété littéraire et artistique et les efforts des délégués français aboutirent à une modification partielle de cette disposition. On supprima l'obligation pour l'écrivain de faire paraître une traduction dans le délai de 3 ans pour conserver sa protection décennale, et on vota l'article 5 actuel dont le premier paragraphe est ainsi conçu : « *Les auteurs ressortissant à l'un des* « *pays de l'Union, ou leurs ayants-cause, jouissent dans* « *les autres pays du droit exclusif de faire ou d'autoriser* « *la traduction de leurs ouvrages jusqu'à l'expiration de* « *dix années à partir de la publication de l'œuvre origi-* « *nale dans l'un des pays de l'Union.* » L'auteur peut dès lors, en toute circonstance, empêcher la traduction pendant dix années (2). Rappelons, du reste, que cette disposition ne porte aucune atteinte aux conventions plus favorables conclues antérieurement par les Etats de l'Union ou qu'ils pourraient conclure à l'avenir.

Une disposition spéciale est applicable aux ouvrages qui paraissent par livraisons, mais non à ceux qui paraissent par volumes. L'article 5 porte en effet : « *Pour* « *les ouvrages publiés par livraisons, le délai de dix années* « *ne compte qu'à dater de la publication de la dernière livrai-* « *son de l'œuvre originale. — Pour les œuvres composées de* « *plusieurs volumes publiés par intervalles, ainsi que pour* « *les bulletins ou cahiers publiés par des sociétés littéraires*

1. V. Darras, n° 497, *Journ. de dr. int. pr.*, 1885, p. 490.
2. V. d'Orelli, *Rev. de dr. int. priv.*, 1886, p. 38 ; *Journ. de dr. int. pr.*, 1885, p. 61.

« *ou savantes, ou par des particuliers, chaque volume, bul-*
« *letin ou cahier est, en ce qui concerne le délai de dix an-*
« *nées, considéré comme ouvrage séparé* (1). » Enfin, dans
le but de faciliter la computation du délai, le dernier
paragraphe de cet article déclare : « *Dans les cas prévus*
« *au présent article, est admis comme date - de publication*
« *pour le calcul des délais de protection, le 31 décembre de*
« *l'année dans laquelle l'ouvrage a été publié* (2). »

1. V. Droz, *Journ. de dr. int. pr.*, 1885, p. 491.
2. L'article 6 de la convention de Berne, parlant des traductions
faites par l'auteur ou sur son autorisation, déclare qu'elles sont
protégées comme les ouvrages originaux, ce qu'il était à peine besoin d'ajouter. Il porte : « Les traductions licites sont protégées
« comme des ouvrages originaux. Elles jouissent en conséquence
« de la protection stipulée aux articles 2 et 3 en ce qui concerne
« leur reproduction non autorisée dans les pays de l'Union. — Il
« est entendu que s'il s'agit d'une œuvre pour laquelle le droit de
« traduction est dans le domaine public, le traducteur ne peut
« pas s'opposer à ce que la même œuvre soit traduite par d'autres
« écrivains. »

CHAPITRE III

CONTREFAÇON DRAMATIQUE ET MUSICALE

Théorie et lois internes

140. — Tout ce que nous avons dit au sujet de la reproduction littéraire s'applique aux œuvres dramatiques et musicales en ce qui concerne leur publication. Nous n'en parlons ici que pour étudier les modes de contrefaçon qui leurs sont propres, à savoir : la représentation et l'exécution. Il ne peut guère s'élever de difficulté théorique sur l'existence, au profit du compositeur ou du dramaturge, de ces droits distincts du droit de publication proprement dite. « Pour un opéra, pour « un drame, la véritable publicité n'est pas celle qui ré- « sulte d'une impression que quelques-uns seulement li- « ront, mais bien la représentation que des milliers de « personnes iront applaudir et en vue de laquelle l'œu- « vre a été composée (1). » Il y a là deux droits absolument distincts. La cession de l'un n'emporterait nullement cession de l'autre, et c'est à tort, par exemple, que des directeurs de théâtre, autorisés à jouer une œuvre musicale, prétendraient pouvoir sans le consentement du

____

1. A. Weiss, *Traité de droit int. privé*, p. 375.

compositeur ou de son ayant-cause, faire orchestrer l'ouvrage et en publier la partition.

141. — Ce n'est pas seulement la représentation ou l'exécution complète et exacte de l'œuvre qui doivent être défendues ; mais, de même que la copie partielle ou faite avec quelques modifications d'un livre n'en constitue pas moins une atteinte au droit de l'écrivain, de même également les transformations imposées à une œuvre dramatique ou musicale, dans le but de l'approprier à une situation différente, ne feraient pas disparaître le caractère préjudiciable de ces reproductions connues sous les noms d'adaptations, arrangements, variations. C'est là ce que Louis Ulbach définissait au Congrès de Berne de 1884 : « Le travestissement d'une œuvre, soit par des « retranchements, soit par des changements de texte et « d'intention, soit par des développements que l'auteur « originaire n'avait pas prévus, à seule fin de s'appro- « prier l'œuvre sans paraître la traduire ou la contre- « faire. » C'est aussi ce que quelques auteurs, lorsqu'il s'agit de musique, désignent sous le nom de « traduc- tion musicale », locution impropre, car, en cette matière, la langue est unique.

142. — Ces principes sont universellement appliqués en France, en tant qu'il s'agit d'œuvres représentées ou exécutées pour la première fois sur le territoire français. L'article 428 du Code pénal punit d'une amende « tout « directeur, tout entrepreneur de spectacle, toute asso- « ciation d'artistes qui aura fait représenter sur son

« théâtre des ouvrages dramatiques au mépris des lois et
« règlements relatifs à la propriété des auteurs. » Si cet
article ne semble pas expressément s'appliquer aux œuvres musicales, sa combinaison avec l'article 425 et les
lois relatives à notre matière montre bien, et la jurisprudence l'admet unanimement, que toute exécution publique, même par des chanteurs ambulants, constitue une
contrefaçon. Les tribunaux admettent aussi que les adaptations, arrangements, dramatisations, etc., rentrent dans
les termes prohibitifs de la loi.

143. — Mais cet accord est loin de subsister en ce qui
concerne l'application de ces principes en droit international. Cette question a soulevé chez nous une discussion
retentissante dans le monde artistique. Cette discussion subsiste encore aujourd'hui, mais il faut reconnaître que la Convention de Berne lui a enlevé une certaine partie de son importance en se départissant sur ce
point du principe généralement adopté par elle de s'en
référer aux lois internes, et en établissant, sur la matière
qui nous occupe, une règle uniforme qui constitue l'un
des actes d'unification établis par elle. La difficulté per-
siste néanmoins à un double point de vue : d'une part,
dans les rapports de la France avec les États étrangers à
l'Union, et, d'autre part, mais dans une mesure restreinte, avec les États mêmes de l'Union, car cette dernière,
dans le système imposé par elle à ses adhérents, n'a pas
cru devoir se montrer aussi protectrice que notre législation l'est vis-à-vis de ses nationaux, tout au moins. Les
dramaturges ou compositeurs originaires d'un pays faisant

partie de la Convention de Berne, ont donc encore intérêt, ainsi que nous le montrerons plus loin, à invoquer la loi française chez nous : il s'agit de savoir si le bénéficé de cette loi peut leur être accordé.

La question s'est posée en 1856 devant nos tribunaux au sujet de plusieurs opéras de Verdi que M. Cazaldo, directeur du Théâtre-Italien, avait fait représenter sans le consentement de l'auteur. Elle consiste à savoir si l'ouvrage représenté ou exécuté sur une scène étrangère est garanti par nos lois contre toute reproduction dramatique ou musicale faite en France.

La question ne souffrirait pas de difficulté dans la théorie développée par nous sur la portée de la législation française relativement à la propriété littéraire et artistique. Nous avons vu dans cette législation la reconnaissance d'un droit naturel qui doit être étendu aux étrangers, sans qu'il y ait lieu de distinguer suivant l'endroit où l'œuvre a été pour la première fois publiée, jouée, exécutée. Dans ce système, le décret de 1852 n'a eu d'autre valeur que de sanctionner une situation antérieure. Mais nous devons aussi examiner la difficulté en nous plaçant au point de vue de la jurisprudence qui a accordé à ce décret l'importance d'une innovation, afin de voir s'il ne doit pas être étendu de la façon la plus large et s'il ne doit pas comprendre, parmi les prérogatives qu'il reconnait aux étrangers, celle dont nous nous occupons.

Dans l'affaire Verdi, le tribunal de la Seine, et après lui, la cour de Paris et la Cour de Cassation ne l'ont pas pensé (1). Le plus grand nombre des auteurs sont aussi dans ce sens (2).

On reconnaît bien, dans cette opinion, qu'au point de vue théorique la raison de décider est la même ; c'est le même droit qui est en jeu, c'est la même œuvre qui se manifeste sous les aspects différents de l'édition ou de la représentation. Mais on part de cette idée que le décret du 23 mars 1852 constituant une innovation, doit être interprété restrictivement, et l'on remarque qu'il ne parle en aucune façon du droit de représentation ou d'exécution. En outre, parmi les textes auxquels il renvoie, on fait observer qu'il omet précisément de citer l'article 428 du Code pénal qui punit la représentation non autorisée. L'article 425, dont il fait mention, ne parle que de « toute *édition* d'écrits, de composition musicale, de « dessin, de peinture, ou de toute autre production *im-* « *primée ou gravée.* » Ces termes ne peuvent pas s'appliquer, dit-on, à l'œuvre dramatique ou musicale spécialement régie par la loi des 13 et 19 juillet 1791 qui n'est pas non plus rappelée dans le décret.

144. — Nous croyons avec MM. Weiss (3) et Demangeat (4) que cette interprétation étroite du texte du décret de 1852 est en contradiction avec les termes de l'exposé des motifs qui présente ce décret comme ayant pour but de rétablir un principe de justice universelle et de

1. V. Cass. 14 déc. 1857 (D. P. 1858, 1, 161).
2. V. Renault, *J. de dr. int. pr.*, 1878, p. 136. — Pouillet, n⁰ˢ 854 et s., Darras, n⁰ˢ 217 et s.
3. V. *Traité de dr. int. pr.*, p. 374.
4. V. *Revue prat.* T. II., p. 259 et s.

prohiber l'usurpation sous toutes ses formes. L'omission des lois des 13 et 19 janvier 1791 et du 19 juillet 1791 qui sont spéciales aux spectacles et ne sont pas mentionnées dans le décret ne signifie rien, car la loi du 19 juillet 1793 elle-même, spécialement visée par le décret, a été déclarée applicable au droit de reproduction des œuvres dramatiques par une loi du 1er septembre 1793. Les principes se trouvent posés dans ces lois, l'article 428 du Code pénal ne fait que les sanctionner par une peine infligée en cas de contravention. Le silence gardé par le décret sur cet article, en admettant qu'il soit volontaire, ne peut donc pas porter atteinte au principe de la protection, et la seule conséquence qu'il soit possible d'en tirer, c'est que l'amende qu'il édicte ne pourra pas être appliquée dans notre espèce. Mais il restera la sanction de l'article 429 visé par le décret, et surtout la sanction plus large que l'écrivain ou le compositeur étranger puisera dans l'article 1382 du Code civil dont le bénéfice ne saurait lui être refusé, quelle que soit l'interprétation donnée sur ce point au décret, à raison du dommage qu'il éprouve, dommage qui fait naître à son profit un droit naturel à une réparation qu'il peut demander en toute occurrence.

145. — Les article 15 et 16 de la loi belge de 1886 défendent formellement la représentation et l'exécution faite sans le consentement de l'auteur. (*Sic* : Espagne, loi de 1879, art. 19 et 20). La loi du 13 janvier 1791 voulait chez nous que le consentement fût donné par écrit, mais cette condition n'est pas exigée par la jurisprudence.

146. — Un assez grand nombre de législations ne sauvegardent les droits du compositeur que s'il a pris soin de réserver en tête de son œuvre sá faculté de représentation ou d'exécution (*Sic* : Hollande, loi de 1881, art. 12; Angleterre, loi du 10 août 1882 ; Suisse, loi du 23 avril 1883, art. 7 § 2.) En Allemagne (loi du 11 juin 1870, art. 50, § 2) et en Hongrie (loi de 1884, §§ 49 à 51) la même réserve est imposée, mais seulement pour les œuvres musicales.

Conventions et Union.

147. — La plupart des conventions mentionnent expressément, au sujet des œuvres dramatiques ou musicales, l'existence du droit spécial de représentation ou d'exécution (*Sic* : traité franco-espagnol, 1880, art. 2, § 2 ; traité franco-allemand, art. 8; traité franco-italien, 1884, art. 2, § 2..., etc.) Celles qui sont muettes laissent la question soumise à l'application respective des législations des deux pays. C'est ainsi que malgré l'indication expresse contenue dans le traité franco-russe de 1861, aujourd'hui dénoncé, que les œuvres dramatiques et musicales étaient garanties, la jurisprudence russe pensa que cette mention ne protégeait pas les auteurs étrangers contre la représentation de leurs pièces, ce dernier mode de contrefaçon n'étant pas puni par la loi russe. (1)

---

1. A Saint-Pétersbourg, au théâtre Michel, subventionné par l'empereur, on a pu librement représenter des pièces françaises sans versement d'aucun droit d'auteur. L'article 52 du règlement sur la censure et la presse concède, dans le domaine des créations

148. — L'avant-projet de l'Association littéraire ne parlait des œuvres dramatiques, dramatico-musicales et musicales qu'à propos de l'énumération des ouvrages protégés. On voulut, dans la suite, séparer cette énumération de l'indication des procédés de contrefaçon spécialement prohibés pour ces œuvres. L'article 9 de l'Union est relatif aux spectacles et aux œuvres musicales. Son paragraphe premier porte : « *Les stipulations de l'article* « *2 s'appliquent à la représentation publique des œuvres* « *dramatiques ou dramatico-musicales, que ces œuvres* « *soient publiées ou non.* » C'est là une disposition impérative qui montre que cette mesure, ainsi que celles édictées par les autres paragraphes de l'article, et à la différence de l'article suivant relatif aux adaptations, sont uniformément étendues à tous les pays de l'Union, même à ceux qui, d'après leurs lois, ne reconnaîtraient pas ces droits intégralement (1). En 1886, dans un but de plus grande précision, la délégation française proposait la déclaration suivante : « Le droit de publication des œuvres « dramatiques et dramatico-musicales, soit dans la langue « originale, soit en traduction, et le droit de représen- « tation de ces mêmes œuvres, soit dans la langue origi- « nale, soit en traduction, sont absolument distincts « l'un de l'autre ; en conséquence, la publication d'une « telle œuvre n'autorise personne à la représenter sans

musicales, un commencement de protection internationale en étendant aux compositeurs étrangers, tant qu'ils résident en Russie, les droits reconnus aux nationaux. V. *Le droit d'auteur*, n° du 15 décembre 1888.

1. V. Darras, n° 477.

« le consentement de son auteur, pas plus que sa repré-
« sentation n'autorise à la publier. » Cette déclaration,
considérée comme purement explicative et inutile, fut
retirée, mais elle répondait exactement à la pensée des
délégués.

149. — Ce n'est pas toutefois sans d'assez grandes
concessions faites aux pays dont les délégués se mon-
traient peu libéraux qu'on a pu arriver sur cette matière
à un minimum d'unification. Le second paragraphe de
l'article 9 restreint en effet la durée de la protection pour
le cas où une œuvre est représentée en traduction, hypothèse qui est cependant la plus importante et la plus in-
téressante en droit international : « *Les auteurs d'œuvres*
« *dramatiques ou dramatico-musicales, ou leurs ayants-*
« *cause, sont, pendant la durée de droit exclusif de tra-*
« *duction, réciproquement protégés contre la represen-*
« *tation publique non autorisée de la traduction de leurs*
« *ouvrages.* » Comme on le voit par la lecture de ce paragraphe, c'est la durée accordée par l'article 5 pour la
protection contre la traduction qui est appliquée ici.
L'auteur ne pourra empêcher la représentation de sa
pièce traduite que pendant un délai de 10 années. Après
cette période, il ne lui reste plus que le droit d'en défendre la représentation en langue originale. Ajoutons
du reste que cette disposition laisse naturellement subsister les dispositions plus favorables des traités internationaux.

150. — Cette remarque s'applique aussi au dernier

alinéa de l'article 9 qui exige une réserve expresse faite par le compositeur pour les œuvres musicales publiées, et qui est ainsi conçu : « *Les stipulations de l'article 2* « *s'appliquent également à l'exécution publique des œuvres* « *vres musicales non publiées ou de celles qni ont été pu-* « *bliées, mais dont l'auteur a expressément déclaré sur le* « *titre ou en tête de l'ouvrage qu'il eu interdit l'exécution* « *publique.* »

151. — L'adaptation était formellement défendue par l'avant-projet de 1883 qui posait en principe, dans son article 7 § 2, que « l'adaptation sera considérée comme « contrefaçon et poursuivie de la même manière. » En 1884, on demanda aux représentants de la France de fournir une définition exacte de ce mot « adaptation » nouveau dans la langue juridique de plusieurs pays. On ne put en donner une jugée satisfaisante et la conférence rejeta le projet de 1883 en disant, dans le § 3 du proto- cole de clôture : « L'attention des plénipotentiaires a été « attirée par plusieurs d'entre eux sur la question de « savoir s'il n'y a pas lieu de défendre expressément cer- « taines catégories d'appropriation indirecte non autori- « sée et notamment celle que plusieurs conventions en « vigueur désignent sous le nom d'adaptation. Les plé- « nipotentiaires ont été d'accord pour reconnaître que la « contrefaçon comprend tous les genres d'atteinte illicite « portée au droit d'auteur, mais ils ont été d'avis qu'au « lieu de les énumérer et de les définir, il est préférable « de s'en remettre aux tribunaux chargés d'apprécier, « dans chaque cas spécial, le préjudice résultant d'une « forme quelconque de contrefaçon. »

On vota alors l'article 10 actuel qui dit: « *Sont spécia-*
« *lement comprises parmi les reproductions illicites aux-*
« *quelles s'applique la présente convention, les appropria-*
« *tions indirectes non autorisés d'un ouvrage litté-*
« *raire ou artistique, désignées sous des noms divers, tels*
« *que: adaptations, arrangements de musique, etc.,*
« *lorsqu'elles ne sont que la reproduction d'un tel ouvrage,*
« *dans la même forme ou sous un autre forme, avec*
« *des changements, additions ou retranchements non*
« *essentiels, sans présenter d'ailleurs le caractère d'une*
« *nouvelle œuvre originale. Il est entendu que, dans l'appli-*
« *cation du présent article, les tribunaux des divers pays*
« *de l'Union tiendront compte, s'il y a lieu, des réserves de*
« *leurs lois respectives.* »

Le dernier paragraphe de cet article n'est au fond que
l'application du principe de l'article 2. Son utilité a été
d'appeler l'attention des diplomates sur cette matière, et,
pour l'avenir, la définition et l'énumération de cet article serviront à guider les juges qui auront à en faire l'application (1).

1. Une double question a été soulevée au sujet des boîtes à musique. Peut-on, sans qu'il y ait contrefaçon, piquer un air de musique sur un cylindre métallique, et peut-on exécuter cet air en public au moyen d'un mécanisme ? La cour d'appel d'Orléans et la
cour de cassation eurent à examiner ce point en 1863 et pensèrent
toutes deux qu'il y avait contrefaçon dans la reproduction des airs
de musique par les orgues de Barbarie et autres instruments simi-
laires (Orléans, 22 avril 1863 ; S. 63, 2, 100 ; — Cass., 13 fév.
1863 ; S. 63, 1, 161). Cette solution, très conforme au droit, inquiéta
le gouvernement fédéral de la Suisse où la fabrication de ces boîtes à musique constitue une industrie importante. L'agent diplomatique de la Confédération helvétique adressa à notre gouvernement des réclamations dont la valeur juridique cachait difficilement

CHAPITRE IV

152. — La contrefaçon artistique, comme la contrefaçon littéraire, consiste dans la reproduction de l'œuvre

l'intérêt froissé. On cherchait à prétendre que l'intérêt des artistes se trouvait engagé à cette propagande populaire de leurs œuvres. Mais ceux qui portaient les plus grands noms, Auber, Berlioz, Rossini, Verdi, protestèrent en faisant remarquer qu'on ne devait pas, pour l'utilité d'un pays étranger, porter une pareille atteinte aux droits des compositeurs. La diplomatie l'emporta cependant chez nous, et, en 1866, une loi spéciale (16 mai) fut rendue pour créer sur cette matière une législation exceptionnelle et contraire au droit commun. Cette loi porte, dans son article unique : « La « fabrication et la vente des instruments servant à reproduire mé- « caniquement des airs de musique qui sont du domaine privé ne « constituent pas le fait de contrefaçon musicale prévu et puni par « la loi du 19 juillet 1793, combinée avec les articles 425 et suivants « du Code pénal. » Plusieurs auteurs (V. Pouillet, nº 818 ; Darras, nº 379) font remarquer que cette loi ne parlant que de la fabrication et de la vente des instruments, n'autorise pas par là l'exécution publique de morceaux de musique, même à l'aide de ces instruments. C'est une loi d'exception qu'il faut appliquer restrictive- ment. Ainsi l'a décidé la jurisprudence (Cass., 25 juillet 1881, S. 82, 1, 92 ; Amiens, 24 décembre 1881, S. 82, 2, 62). Les disposi- tions de cette loi trouvèrent leur consécration dans le traité franco- suisse de 1882 (art. 14). Elles ont même pénétré dans l'Union dont l'article 3 du protocole de clôture porte : « Il est entendu que la « fabrication et la vente des instruments servant à reproduire mé- « caniquement des airs de musique empruntés au domaine privé « ne sont pas considérés comme constituant le fait de contrefaçon faite sans l'autorisation de l'auteur. La reproduction d'une peinture par la peinture, d'une gravure par la gravure, d'une statue par le surmoulage constituent les moyens de contrefaçon les plus exacts et les plus complets. Mais la question s'est depuis longtemps posée de savoir s'il était illicite de reproduire une œuvre d'art en employant les procédés d'un art différent. Renouard admet la négative (1). Il distingue entre les arts plastiques et les arts délinéatoires, et la contrefaçon ne lui paraît exister qu'autant que la reproduction a été faite par un procédé appartenant à la même catégorie que celui qui a servi à la création première de l'œuvre.

La transformation d'une peinture en gravure, et réciproquement, lui paraît constituer un délit, tandis que la transposition d'un dessin en statue ne pourrait être prohibée. « Ces arts diffèrent trop essentiellement, dit-il, « soit dans leurs résultats matériels, soit dans leurs ef« fets artistiques, soit dans la nécessité de leur composi« tion, soit dans le talent d'exécution qu'ils exigent « pour qu'ils puissent se nuire l'un à l'autre ni commer« cialement, ni intellectuellement. » MM. Hélie et Chauveau, qui paraissent être du même avis, ajoutent que ce

« musicale. » Mais la convention n'a pas voulu se prononcer sur la question de l'exécution publique au moyen de ces instruments. Le rapport de la commission de 1885 disait : « Vu la difficulté qu'il y « a à régler la question de la reproduction sonore, la commission « propose que la conférence ne se prononce pas sur la question de « savoir si l'exécution publique d'une œuvre musicale, au moyen « d'un des instruments mentionnés au chiffre 3, est ou non licite.» En France, malgré la loi de 1866, cette reproduction sera donc interdite (V. Darras, n° 465).

1. T. 2, p. 88.

n'est « pas la pensée même de l'auteur, le sujet qu'il a
« traité, que la loi a voulu protéger, mais le mode d'exé-
« cution de ce sujet, l'application qu'il en a faite, le li-
« vre, le tableau, la statue dans lesquels il a exprimé
« cette pensée (1). » — Nous ne saurions adopter cette
opinion qui fait dépendre l'existence du droit de l'artiste
de questions pratiques au-dessus desquelles il faut le
placer. Ce n'est pas le procédé employé que la loi protège, c'est l'œuvre elle-même (2). Il en est de la propriété artistique comme de la propriété industrielle. On
répute contrefait tout produit identique au produit bre-
veté, quel que soit le procédé de production. Le moyen de
procréation est extérieur à l'œuvre elle-même. C'est l'ensemble de la conception qui appartient à l'auteur, et il
est certain que la reproduction de son œuvre au moyen
d'un art différent est de nature à lui causer un préjudice
pécuniaire et un préjudice moral en répandant, sous une
forme différente. peut-être même abâtardie, une œuvre
qu'il voulait se réserver de ne reproduire que sous son
aspect primitif. Le congrès artistique de 1878 a admis
ces principes dans l'article 9 de ses résolutions qui porte :
« Doivent être assimilées à la contrefaçon les reproduc-
« tions ou imitations d'une œuvre d'art par un art diffé-
« rent, quels que soient les procédés et la matière em-
« ployés. La reproduction d'une œuvre d'art par l'indus-
« trie est également une contrefaçon. »

153. — Cette opinion est sanctionnée par les lois au-

1. V. T. 6, p. 30. 6° édit.
2. V. Pouillet, n° 574.

trichienne (1846, art. 3), hongroise (1884, § 61, 1°), belge (1886, 1), espagnole (1879, 3, 3°), suisse (1883, 1 et 11). La jurisprudence française, après quelques hésitations, semble l'admettre également (1), et le projet de loi de 1879 sur la propriété artistique prohibe formellement le transport d'une œuvre dans un art différent de celui dans lequel elle a été créée.

La théorie professée par M. Renouard trouve son application dans un certain nombre de législations étrangères telles que celles de l'Allemagne (1876, 5 et 6, 2°), de la Norwège (1877, 9), de la Russie (336, Svod de l'Empire, 1833, ch. 14) (2). La loi allemande du 10 janvier 1876 autorise même la transposition d'une œuvre photographique par la sculpture, le dessin ou la peinture (3). La loi norwégienne du 12 mai 1877 ne permet la reproduction des œuvres du dessin sous une forme plastique et réciproquement, qu'autant que la reproduction n'a pas lieu par un procédé simplement mécanique, comme par la photographie.

154. — L'article 10 de la Convention de Berne, qui déclare comprises parmi les reproductions illicites les « appropriations indirectes non autorisées d'un ouvrage littéraire ou artistique, » semble bien adopter le système que nous avons cherché à faire prévaloir. Il faut reconnaître, toutefois, que la fin de cet article, en réservant, sur toute la matière des adaptations, les restrictions faites par les lois internes, enlève à cette disposition toute portée générale.

1. V. Cass., 13 fév. 1863, S. 63, 1, 161.
2. V. Delalande, *Rev. prat.*, 1879, p. 254 et s.
3. *Ibid.*, p. 261.

CHAPITRE V

FAITS ASSIMILÉS A LA CONTREFAÇON

155. — Nous avons recherché et précisé jusqu'ici les faits constituant la contrefaçon proprement dite. Il reste à déterminer quels sont les procédés par lesquels elle peut être mise en œuvre et qui devront, en conséquence, être prohibés au même titre que la contrefaçon elle-même. Cet examen est tout différent de celui qui précède et présente une très grande importance au point de vue de la répression des atteintes portées au droit d'auteur. — Il ne suffit pas, en effet, de dire d'une façon générale que la contrefaçon sera défendue et punie, si l'on ne recherche pas, en outre, les moyens de la prévenir et aussi ceux d'empêcher que les produits déjà contrefaits ne se répandent.

Pour atteindre ce but, la plupart des législations assimilent à la contrefaçon et punissent des mêmes peines ou de peines variables un certain nombre de faits généraux par lesquels se manifestent ordinairement et se révèlent les reproductions illicites. Le fait matériel de la reproduction étant le plus souvent secret et difficile à découvrir, c'est au moment où son auteur cherchera à écouler les produits frauduleusement obtenus par lui que le délit pourra seulement être établi.

156. — Le fait le plus généralement prohibé dans cet ordre par les législations est le débit ou la vente d'ouvrages contrefaits. L'article 426 du Code pénal français et l'article 2 du décret du 23 mars 1852 le mentionnent expressément. Puisque le débit est érigé en délit, il faut nécessairement qu'il ait été fait sciemment, c'est-à-dire que le vendeur ait su qu'il livrait un ouvrage contrefait (1). C'est là, du reste, une remarque qui s'applique à tous les faits assimilés à la contrefaçon et punis comme délits: « Mais, ainsi que le font remarquer MM. Chau-« veau et Faustin Hélie (2), dans le cas d'une contrefa-« çon douteuse et partielle, le débitant peut être de « bonne foi, et il serait rigoureux de le condamner à une « amende quand on ne pourrait lui imputer aucune « fraude et même aucune imprudence. » — Toutes les conventions internationales prohibent la vente (V. notamment celles signées entre la France et l'Espagne (1880, 2), la Belgique (1881, 9), l'Allemagne, (1883, 12). Nous verrons un peu plus loin les dispositions de l'Union sur cette matière.

157. — La fraude serait bien rarement punie s'il était nécessaire de constater le fait même de la vente, aussi croyons-nous que le simple fait de l'exposition ou de la mise en vente doit être réprimé quand il est accompli sciemment. La législation française le déclare formellement pour ce qui concerne la contrefaçon industrielle (loi du 7 juillet 1844, art. 41); mais le silence qu'elle

1. V. Chauveau et Faustin Hélie, 5ᵉ édit., T. 6, p. 45.
2. *Ibid.*

garde à propos de la propriété littéraire et artistique ne doit pas être interprété dans un sens opposé. La jurisprudence l'a ainsi décidé (1). La plus grande partie des traités comprennent l'exposition en vente au nombre des faits assimilés à la contrefaçon (V. notamment nos traités avec les Pays-Bas, 1855, art. 5 ; l'Autriche, 1866, art. 9 ; l'Espagne, 1880, art. 2 ; l'Italie 1884, art. 2....., etc.).

158. — Le seul moyen pour un pays protecteur de réprimer les contrefaçons de ses œuvres faites dans un pays non protecteur, est de prohiber l'introduction sur son territoire de ces produits délictueux. Toutes les législations qui ont quelque souci des droits des auteurs nationaux n'omettent pas de le faire en ce qui concerne tout au moins les œuvres de ces derniers. Mais, restreinte dans cette mesure, la disposition est incomplète, car nous avons admis que la propriété des étrangers doit être protégée au même titre que celle des nationaux. La loi française n'applique pas ce principe dans toute son étendue. L'article 426 du Code pénal reproduit par le décret de 1852, ne punit en effet l'introduction sur le territoire français qu'autant qu'il s'agit d'ouvrages qui, après avoir été imprimés en France, ont été contrefaits à l'étranger. Encore quelques auteurs (2) s'appuyant sur les termes mêmes de l'art. 426 déclarent-ils que cette disposition n'est

---

1. V. Toulouse, 17 juillet 1835, S. 36, 2, 41. V. également dans ce sens : Chauveau et Hélie, T. 6, p. 45, et Renouard, T. 2, p. 55.
2. V. Darras, n° 387.

relative qu'aux livres et non aux œuvres d'art. Même en repoussant cette interprétation restrictive, comme on le fait généralement, l'absence de protection pénale pour l'ouvrage publié à l'étranger, contrefait également à l'étranger et introduit ensuite chez nous, n'en constitue pas moins une omission regrettable que plusieurs traités internationaux avaient heureusement réparée en partie. (V. notamment traités franco-belge, 1881, art. 9 ; franco-allemand 1883, art. 12 ; franco-italien 1884, art. 2).

159. — L'expédition dans l'intérieur d'un état de garantie et l'exportation de l'intérieur de cet état à l'extérieur doivent également être prohibées, bien que, dans ce dernier cas, la vente soit destinée à ne s'effectuer qu'à l'étranger (V. traités franco-belge 1881, art. 9 ; franco-allemand 1883, art. 12 ; franco-italien 1884, art. 2).

160. — Le simple transit lui-même, c'est-à-dire le fait seul de traverser un territoire pour aller du lieu de fabrication au lieu de débit doit être assimilé à l'introduction. L'exonération des droits d'entrée que les nations civilisées appliquent aux marchandises dans cette hypothèse, pour favoriser l'industrie des transports, n'est qu'une mesure fiscale et d'économie sociale qui est étrangère à notre matière. La loi française du 6 mai 1841 sur les douanes, dans son article 8 (t. 6), excluait du transit les contrefaçons d'ouvrages français. Cette disposition nous paraît avoir été généralisée par les conventions qui, à l'instar de celle passée entre la France et l'Italie (art. 2), prohibent d'une façon générale la circulation des ouvrages

contrefaits sur le territoire de chacun des états signataires.

161. — L'Union de Berne ne contient aucune énumération des faits assimilés à la contrefaçon. C'est là une
conséquence du principe posé par elle au § 2 de l'article
2 qui limite l'influence de la loi d'origine à la durée de la
protection. La convention a laissé ce point soumis à la règle de l'assimilation aux droits des nationaux. Ce sera
donc la loi du pays où le fait assimilé à une contrefaçon
se sera produit qui sera appliquée. C'est aussi le principe
qui domine les autres conventions internationales. Il en
résulte une double conséquence. D'une part, même dans
les traités qui contiennent une certaine énumération de
faits assimilés à la contrefaçon, s'il s'en trouve qui ne
soient pas indiqués dans la convention et qui soient cependant réprimés par l'une ou l'autre des deux législations, ils pourront être légalement punis par les tribunaux
de ce pays. D'autre part, les faits assimilés qui seraient
expressément mentionnés dans une convention, mais qui
ne seraient pas punis par la loi du pays où le fait se produit ne pourraient donner lieu qu'aux saisies, confisca-
tions, dont parlerait la convention mais non à des
peines.

TROISIÈME PARTIE

SANCTION ET FORMALITÉS

CHAPITRE I.

SANCTION

§ I.

De la poursuite.

162. — La protection de la propriété littéraire et artistique intéressant l'ordre public, comme la protection
de tout droit de propriété, le ministère public doit avoir
la possibilité de poursuivre d'office, sans qu'il ait besoin,
pour agir, d'une autorisation préalable de l'auteur ou de
celui à qui le droit a été cédé. La loi italienne de 1882
(art. 35) le décide ainsi, et cette solution est admise en
France par la jurisprudence qui interprète avec raison
dans ce sens le silence de la loi (1).

163. — Mais le plus grand nombre des états étrangers
exigent une autorisation (Allemagne, loi de 1870, art. 27 ;

---

1. V. Pouillet, n° 625.

Belgique, 1886, art. 26 ; Suisse, 1883, art. 13, etc.).C'est
en partie pour remédier à cet inconvénient que se sont
fondées les sociétés littéraires et artistiques internationales. Cette formalité étant surtout gênante pour les étrangers, on a voulu par là en faciliter l'accomplissant en
confiant à la société le droit d'autoriser les poursuites ou
de les exercer elle-même. La jurisprudence française
avait tout d'abord admis ces sociétés à poursuivre d'office,
en leur nom personnel, la répression des délits de contrefaçon. Elle est revenue ensuite sur cette décision en
refusant à ces associations le caractère de personnalité
morale et ne les admet à agir qu'au nom de l'auteur et
avec son consentement.

164. — On a proposé de constituer des jurys spéciaux
pour les procès de propriété littéraire et artistique. Cette
idée n'a pas encore été mise en application et on laisse
en principe compétence aux tribunaux de droit commun.
Pour les éclairer, quelques pays ont créé des comités d'experts où figurent des littérateurs, des libraires et des artistes (V. loi allemande de 1870, art. 31). En Russie, les
poursuites n'ont lieu devant les tribunaux ordinaires que
sur le refus de s'adresser à des arbitres (art. 314 et 1046
du *Recueil des lois de l'Empire*, édit. de 1857).

165. — Une formalité qui précède généralement l'exercice de l'action en contrefaçon consiste dans la saisie des
produits contrefaits et des matériaux qui ont servi à la
reproduction frauduleuse, mais cette formalité n'a rien
d'obligatoire. En France, en vertu de la loi de 1793, ar-

ticle 3, modifiée par celle du 25 prairial an III, les magistrats chargés de la constatation de la contrefaçon artistique ou littéraire sont les commissaires de police, et, à leur défaut, les juges de paix. Le magistrat qui opère la saisie doit s'assurer de l'identité et de la qualité de celui qui requiert la saisie, seulement il doit se contenter d'un titre régulier en apparence. Aux termes de l'article 12 de l'Union de Berne. « *Toute œuvre contrefaite peut* « *être saisie à l'importation dans ceux des pays de l'U-* « *nion où l'œuvre originale a droit à la protection légale.* « *La saisie a lieu conformément à la législation intérieure* « *de chaque pays* ». Il était à peine besoin de dire que la saisie ne pourrait avoir lieu, si, dans le pays de l'importation l'œuvre originale n'était pas protégée (1).

166. — Les règles de la prescription s'appliquent naturellement à notre matière. Il faut remarquer seulement que chaque délit a sa prescription propre. Il ne suffirait donc pas, en France, qu'un fait de contrefaçon remontât à plus de trois ans, pour que la vente des ouvrages contrefaits soit autorisée. Certaines législations, comme la nôtre, appliquent ici la durée ordinaire de la prescription, d'autres établissent des règles spéciales. En Allemagne, d'après la loi du 11 juin 1870, la durée de la prescription est également de trois années (art. 33 et 34). Mais la répression n'est plus possible si la partie lésée ne porte pas plainte dans les trois mois qui suivent le moment où elle a connaissance du délit de son auteur ; toutefois, la confiscation et la destruction des exemplaires contrefaits

1. V. Ch. Soldan, *Rev. gén. du droit*, 1887, p. 510.

demeure possible, tant que ces objets existent (art. 35 et 36). La prescription est de deux années en Norwège (1876, 43); en Finlande (15 mars 1880, 27); aux Etats-Unis (S. 4968, St. Rév.). Elle est de cinq ans en Suisse (1883, 17).

§ 2.

Peines.

167. — La détermination des moyens de répression devait être entièrement abandonnée à l'application de la loi du pays de la contrefaçon et de la poursuite. C'est une question d'ordre public; aussi les traités internationaux et l'Union ne s'en occupent-ils pas.

168. — Peu de loi édictent des peines corporelles contre le contrefacteur. En Russie, le Code des lois criminelles de 1832, art. 742, punissait du fouet et de la déportation certains faits de contrefaçon ; mais le Code pénal de 1857 a supprimé ces peines en ne les reproduisant pas (1). En Espagne, l'art. 552 du Code pénal de 1870 prononce la peine de l'*arresto mayor*, dans ses degrés inférieur et moyen, — emprisonnement de un à quatre mois, — et une amende qui varie entre la valeur du préjudice et le triple de cette valeur (2).

169. — La sanction la plus générale est l'amende. Parfois le montant de l'amende varie suivant qu'il s'agit

1. V. Darras, n° 395.
2. V. *Ann. de lég. étr.*, 1879, p. 444.

de contrefaçons littéraires ou de contrefaçons artistiques (V. Hollande, loi du 25 janvier 1817 pour la contrefaçon artistique et de 1881 pour la contrefaçon littéraire ; — Suède, lois de 1867 et de 1877). Le plus souvent, cette distinction n'est pas faite ; mais l'amende peut varier suivant d'autres règles (V. France, art. 427, 428 du Code pénal) (1).

170. — La législation de tous les peuples civilisés admet la confiscation des objets contrefaisants ou du produit de la contrefaçon, comme les recettes d'une représentation frauduleuse. Ce n'est pas une peine, à proprement parler ; c'est une mesure d'ordre qui peut être prononcée même en cas d'acquittement. Que doit-on faire des objets confisqués ? Faut-il les détruire ou les donner à l'auteur lésé en déduction des dommages et intérêts qui sont alloués ?

L'article 429 du Code pénal Français admet cette dernière solution. Seulement M. Pouillet (n° 705) fait remarquer que la vente de ces objets ne pouvant avoir lieu sans le consentement de l'auteur, puisque cette vente pourrait porter atteinte à ses droits, celui-ci pourra exi-

1. La législation française sur l'amende a été introduite dans le traité franco-salvadorien (1880, art. 13, 14, 15). Toutefois, l'article 463 n'étant pas mentionné, on ne saurait le suppléer. Ce traité emprunte aussi à la loi du 5 juillet 1844 sur les brevets d'invention la disposition de l'art. 43 qui punit la récidive sans exiger que la première condamnation soit à plus d'un an. Il suffit qu'une première condamnation ait été prononcée contre le prévenu dans les cinq années précédentes. A ce point de vue, la situation des auteurs salvadoriens chez nous est donc préférable à celle des auteurs nationaux.

ger qu'on lui remette les objets contre estimation. L'article 3 de la loi de 1793 l'indiquait du reste en parlant de confiscation « au profit » de l'auteur. Si les objets saisis ne sont d'aucune utilité pour le plaignant, il pourrait aussi en demander la destruction.

171. — Pour les dommages et intérêts, il n'y a pas lieu de fixer de maximum ni de minimum, car ils doivent être exactement proportionnés au préjudice. La fixation édictée par la loi de 1793 en France (art. 4 et 5) était donc peu équitable. L'art. 429 du Code pénal a rétabli la solution théorique qui est admise par la plus grande partie des lois étrangères. En Allemagne, il y a une condamnation particulière, la *busse*, qui est ainsi caractérisée par M. Gide : « La busse diffère à la fois des domma-
« ges et intérêts et de l'amende ; à la différence des
« dommages et intérêts, elle est prononcée par les tribu-
« naux criminels, sans estimation, contre le contrefac-
« teur seulement, accessoirement à la peine et dans les
« limites d'un maximum fixé par la loi ; à la différence
« de l'amende, la busse est acquise à la partie privée,
« tient lieu d'indemnité, suppose l'existence d'un dom-
« mage, ne peut se convertir en une peine corporelle,
« est prononcée en sus de la peine et n'est due qu'une
« fois s'il y a plusieurs condamnés. »

CHAPITRE II

Théorie.

172. — Au point de vue théorique, la nécessité de l'accomplissement de certaines formalités en cette matière ne se comprend pas, tout au moins avec cette conséquence que la plupart des législations attachent à ces formalités en déclarant que leur inobservation constituera un obstacle à la protection. L'existence du droit d'auteur, qui dérive, au même titre que la propriété en général, du travail et de la personnalité humaine, ne saurait être soumise à des conditions spéciales, d'origine arbitraire, et qui sont incompatibles avec son caractère de droit naturel. Qu'on impose l'obligation du dépôt ou de l'enregistrement dans un pays où l'expression de la pensée n'est pas absolument libre, ou bien qu'on agisse ainsi dans le but d'augmenter les collections nationales, sans qu'il en coûte rien au Trésor public, nous verrons là des mesures d'un ordre contingent et dont l'utilité ou l'équité sont discutables, mais nous nous refuserons à admettre que l'exécution ou la non-exécution de ces formalités puisse avoir quelque influence sur les droits intellectuels. Nous n'avons pas par là, bien évidemment, l'intention de

trancher la question des libertés à accorder soit à la presse, soit aux arts. C'est là, du reste, une difficulté qui, à raison de la différence des civilisations, ne nous paraît pas susceptible d'une solution uniforme et qui, même dans un état donné, ne peut guère se prêter à une réglementation stable par suite des transformations incessantes de la situation sociale. Tout ce que nous voulons dire, c'est que le droit d'auteur étant un droit naturel de propriété, doit exister indépendamment de toute formalité exigée par la loi. C'est un principe que les différents Congrès internationaux ont maintes fois affirmé (1), et qui se trouve sanctionné par le projet de loi sur la propriété artistique déposé en 1879 par le gouvernement français sur le bureau de la Chambre des députés. Il ne parle pas de formalités.

Lois internes.

173. — En traitant de la photographie, de la représentation, de la traduction et de quelques autres branches particulières de la propriété intellectuelle, nous avons eu l'occasion d'indiquer certaines conditions spéciales imposées par les lois internes pour l'exercice du droit. Nous ne reviendrons pas ici sur ces points d'une importance restreinte, et nous ne parlerons que des formalités générales.

Quelques législations appliquent le système théorique

1. V. les résolutions des congrès de Bruxelles, 1858 ; — Paris, 1878 ; — Lisbonne. 1880 ; — Vienne, 1881 ; — Rome, 1882 ; — Bruxelles, 1884.

désirable et ne subordonnent la poursuite de la contrefaçon à l'accomplissement d'aucune formalité. De ce nombre font partie la Finlande (loi du 25 mars 1880), la Belgique (loi de 1886). Il en est de même en Allemagne et
en Hongrie, seulement un enregistrement est nécessaire
pour les œuvres anonymes.

En Suisse, aucune condition n'est imposée aux auteurs
pour conserver leur droit ; mais ils peuvent faire inscrire
leurs œuvres sur un registre. C'est pour eux une formalité
facultative qui a pour but de déterminer officiellement le
point de départ de la durée de la protection. Cette inscription devient obligatoire toutefois, pour les œuvres
posthumes, ou celles émanant de la Confédération, d'un
canton, d'une personne juridique ou d'une société (loi de
1884, art. 3).

174. — Le dépôt d'un certain nombre d'exemplaires,
ou l'enregistrement de l'œuvre, quelquefois tous les deux
conjointement sont les opérations généralement imposées
aux auteurs ou artistes par les autres pays.

175. — La législation française ne les astreint qu'à la
première. La loi sur la presse du 29 juillet 1881, qui a
modifié quelque peu les dispositions de l'article 6 de la
loi du 19 juillet 1793, exige le dépôt de deux exemplaires
pour les imprimés et de trois pour les estampes, la musique et les reproductions autres que les imprimés (art. 3
et 4). L'accomplissement de cette formalité se trouve également imposé aux étrangers par l'article 4 du décret du
23 mars 1852. L'absence du dépôt constituerait une fin de

non recevoir pour l'action, soit civile, soit correctionnelle, de la partie lésée ; mais on admet généralement qu'elle n'empêcherait pas le ministère public d'agir d'office (1). Mais quand il a été effectué, l'étranger peut poursuivre, même pour des faits antérieurs, car le dépôt est déclaratif et non constitutif de droit (2). Il est bien évident que ces dispositions ne peuvent s'appliquer aux œuvres inédites, ou à celles qui ne se reproduisent pas par des procédés mécaniques, comme la peinture et la sculpture. Pour ces œuvres, la conservation du droit d'auteur est indépendante de l'accomplissement d'aucune formalité.

176. — Le dépôt et l'enregistrement sont simultanément exigés en Angleterre (5 et 6, Vict., c. 45, S. 6) ; en Italie (1882, art. 21) ; en Espagne (1879, art. 33 et s.) ; en Norwège (loi du 20 juin 1882).

Conventions et Union.

177. — La plupart des conventions internationales se contentent d'exiger l'accomplissement des formalités imposées par le pays d'origine et constituent ainsi un progrès important sur une obligation que les lois internes imposent souvent aux étrangers. C'est ainsi que le traité franco-espagnol de 1881, dans son article 1°, déclare que les auteurs ou leurs ayants-cause, « qui justifieront de « leur droit de propriété ou de cession totale ou partielle, « dans l'un des deux états contractants, conformément

1. V. Pouillet, n° 448 et Darras, n° 242.
2. Darras, n° 241 ; Pouillet, n° 438.

« à la législation de cet état, jouiront dans l'autre état,
« et sous cette seule condition et sans autres formalités,
« des droits correspondants.... » Il en résulte que les auteurs espagnols sont dispensés du dépôt exigé par l'article 4 du décret de 1852.

Ce traité, ainsi que plusieurs autres, n'indique pas
quels modes de preuve devront être employés. Il laisse pleine liberté aux tribunaux (*Sic* : traité franco-allemand, art. 7). Le plus souvent, cette preuve se fera par
le procédé indiqué dans plusieurs traités, c'est-à-dire au
moyen de certificats émanés des autorités compétentes (V.
conv. franco-suédoise du 15 fév. 1884, art. 1°). Mais il
faut reconnaître que ces certificats ne lient pas les tribunaux étrangers, car ils pourraient avoir été délivrés par
erreur à un contrefacteur, les autorités chargées de les
signer n'étant pas compétentes pour apprécier la contrefaçon.

178. — L'Union de Berne n'exige également, dans son
article 2, § 2, que l'accomplissement des formalités imposées par le pays d'origine. Elle diffère en cela de l'U-
nion pour la protection de la propriété industrielle qui
applique, d'une façon absolue, le principe de l'assimilation des étrangers aux nationaux et soumet les premiers
à toutes les conditions imposées aux seconds.

La question de la preuve fait l'objet de l'article 11 de
l'Union de 1886 qui est ainsi conçu (1) : « *Pour que les*

1. Nous retranchons de cet article le deuxième paragraphe relatif aux œuvres anonymes ou pseudonymes. Nous l'avons reproduit
précédemment en parlant de ces œuvres.

« *auteurs des ouvrages protégés par la présente conven-*
« *tion soient, jusqu'à preuve contraire, considérés comme*
« *tels et admis, en conséquence, devant les tribunaux*
« *des divers pays de l'Union à exercer des poursuites*
« *contre les contrefaçons, il suffit que leur nom soit indi-*
« *qué sur l'ouvrage en la matière usitée... Il est en-*
« *tendu, toutefois, que les tribunaux peuvent exiger, le*
« *cas échéant, la production d'un certificat délivré par*
« *l'autorité compétente, constatant que les formalités*
« *prescrites, dans le sens de l'article 2, par la législa-*
« *tion du pays d'origine, ont été remplies.* » Les tribunaux auront donc la faculté d'exiger ce dernier mode de
preuve, mais il est certain que les parties pourraient
contester la valeur de ces certificats.

Telle est, dans son ensemble, cette union qui constitue
assurément l'un des plus remarquables contrats internationaux modernes. Ainsi que nous l'indiquions au début,
l'œuvre n'est pas parfaite. Elle ne le sera que le jour où
toutes les nations civilisées auront adhéré à la convention et
où cette convention réalisera tous les principes théoriques
qui ne sont pas encore mis en pratique. Nous regrettons
surtout l'étroitesse des limites dans lesquelles le droit de
traduction est resserré. Il n'a pas encore réussi à conqué-
rir sa place au même rang que le droit de reproduction.
Mais il ne faut pas violenter le temps, ainsi que le disait
notre délégué, M. Louis Ulbach, à Berne. Il faut laisser
aux nations dont la législation est encore en retard sur
cette matière le temps de se mettre au niveau du progrès
accompli. L'union de 1886 n'est pas une œuvre immuable,

du reste ; son article 17 permet les révisions. C'est dans
les conférences comme celle que le centenaire de la Révolution réunit actuellement à Paris que cette marche vers
la perfection sera préparée et que seront successivement
consacrées les règles qu'on doit souhaiter de voir prendre place dans la grande *Loi Universelle* dont ces assises
internationales permettent d'espérer la réalisation dans
un avenir plus ou moins éloigné.

ANNEXES

Avant-projet d'Union générale pour la protection des droits des auteurs sur leurs œuvres littéraires et artistiques, voté dans la conférence tenue à Berne le 13 septembre 1883 par l'Association littéraire et artistique internationale.

Art. 1. — Les auteurs d'œuvres littéraires et artistiques parues, représentées ou exécutées dans l'un des États contractants, à la seule condition d'accomplir les formalités exigées par la loi de ce pays, jouiront pour la protection de leurs œuvres dans les autres États de l'Union, quelle que soit d'ailleurs leur nationalité, des mêmes droits que les nationaux.

Art. 2. — L'expression « œuvres littéraires ou artistiques » comprend : les livres, brochures, ou tous les autres écrits ; les œuvres dramatiques ou dramatico-musicales, les compositions musicales avec ou sans paroles et les arrangements de musique, les œuvres de dessin, de peinture, de sculpture, de gravure, les lithographies, les cartes géographiques, les plans, les croquis scientifiques, et en général toute œuvre quelconque littéraire, scientifique et artistique, qui pourrait être publiée par n'importe quel système d'impression ou de reproduction.

Art. 3. — Le droit des auteurs s'exerce également sur les œuvres manuscrites ou inédites.

Art. 4. — Les mandataires légaux ou ayants-cause des auteurs jouiront, à tous égards, des mêmes droits que ceux accordés par la présente convention aux auteurs eux-mêmes.

Art. 5. — Les auteurs ressortissant à l'un des États contractants jouiront, dans tous les autres États de l'Union, du droit exclusif de traduction pendant toute la durée de leur droit sur leurs œuvres originales.

Ce droit comprend les droits de publication, de représentation ou d'exécution.

Art. 6. — La traduction autorisée est protégée au même titre que l'œuvre originale.

Lorsqu'il s'agit de la traduction d'une œuvre tombée dans le domaine public, le traducteur ne peut pas s'opposer à ce que la même œuvre soit traduite par d'autres écrivains.

Art. 7. — En cas d'infraction aux prescriptions qui précèdent, les tribunaux compétents appliqueront les dispositions tant civiles que pénales, édictées par les législations respectives, comme si l'infraction avait été commise au préjudice d'un national.

L'adaptation sera considérée comme contrefaçon et poursuivie de la même manière.

Art. 8. — La présente convention s'applique à toutes les œuvres non encore tombées dans le domaine public, dans le pays d'origine de l'œuvre au moment où ladite convention entrera en vigueur.

Art. 9. — Il est entendu que les États de l'Union se réservent respectivement le droit de prendre séparément entre eux des arrangements particuliers pour la protection des œuvres littéraires et artistiques, autant que ces arrangements particuliers ne contreviendraient point aux dispositions de la présente convention.

Art. 10. — Il sera établi un bureau central et international auquel seront déposés, par les soins des gouvernements des États de l'Union, les lois, décrets et règlements déjà promulgués, ou qui le seraient ultérieurement, concernant les droits des auteurs.

Ce bureau les réunira et publiera une feuille périodique rédigée en langue française où seront contenus tous les documents et renseignements utiles à faire connaître aux intéressés.

II

Convention concernant la création d'une Union internationale pour la protection des œuvres littéraires et artistiques, signée à Berne le 9 septembre 1886.

Art. 1. — Les pays contractants sont constitués à l'état d'Union pour la protection des droits des auteurs sur leurs œuvres littéraires et artistiques.

Art. 2. — Les auteurs ressortissant à l'un des pays de l'Union, ou leurs ayants-cause, jouissent, dans les autres pays, pour leurs œuvres, soit publiées dans un de ces pays, soit non publiées, des droits que les lois respectives accordent actuellement ou accorderont par la suite aux nationaux.

La jouissance de ces droits est subordonnée à l'accomplissement des conditions et formalités prescrites par la législation du pays d'origine de l'œuvre : elle ne peut excéder, dans les autres pays, la durée de la protection accordée dans ledit pays d'origine.

Est considéré comme pays d'origine de l'œuvre celui de la première publication, ou, si cette publication a eu lieu simultanément dans plusieurs pays de l'Union, celui d'entre eux dont la législation accorde la durée de protection la plus courte.

Pour les œuvres non publiées, le pays auquel appartient l'auteur est considéré comme pays d'origine de l'œuvre.

Art. 3. — Les stipulations de la présente convention s'appliquent également aux éditeurs d'œuvres littéraires ou artistiques publiées dans un des pays de l'Union et dont l'auteur appartient à un pays qui n'en fait pas partie.

Art. 4. — L'expression « œuvres littéraires et artistiques » comprend les livres, brochures ou tous autres écrits, les œuvres dramatiques ou dramatico-musicales, les compositions musicales avec ou sans paroles ; les œuvres de dessin, de peinture, de sculpture, de gravure ; les lithographies, les illustrations, les cartes géographiques ; les plans, croquis et ouvrages plastiques relatifs à la géographie, à la topographie, à l'architecture ou aux sciences en général ; enfin toute production quelconque du domaine littéraire, scientifique ou artistique, qui pourrait être publiée par n'importe quel mode d'impression ou de reproduction.

Art. 5. — Les auteurs ressortissant à l'un des pays de l'Union ou leurs ayants-cause, jouissent, dans les autres pays, du droit exclusif de faire ou d'autoriser la traduction de leurs ouvrages jusqu'à l'expiration de dix années à partir de la publication de l'œuvre originale dans l'un des pays de l'Union.

Pour les ouvrages publiés par livraisons, le délai de dix années ne compte qu'à dater de la publication de la dernière livraison de l'œuvre originale.

Pour les œuvres composées de plusieurs volumes publiés par intervalles, ainsi que pour les bulletins ou cahiers publiés par des sociétés littéraires ou savantes ou par des particuliers, chaque volume, bulletin ou cahier est, en ce qui concerne le délai de dix années, considéré comme ouvrage séparé.

Dans les cas prévus au présent article, est admis comme date de publication pour le calcul des délais de protection, le 31 décembre de l'année dans laquelle l'ouvrage a été publié.

Art. 6. — Les traductions licites sont protégées comme des

ouvrages originaux. Elles jouissent, en conséquence, de la protection stipulée aux articles 2 et 3 en ce qui concerne leur reproduction non autorisée dans les pays de l'Union.

Il est est entendu que, s'il s'agit d'une œuvre pour laquelle le droit de traduction est dans le domaine public, le traducteur ne peut pas s'opposer à ce que la même œuvre soit traduite par d'autres écrivains.

Art. 7. — Les articles de journaux ou de recueils périodiques publiés dans l'un des pays de l'Union peuvent être reproduits, en original ou en traduction, dans les autres pays de l'Union, à moins que les auteurs ou éditeurs ne l'aient expressément interdit. Pour les recueils, il peut suffire que l'interdiction soit faite, d'une manière générale, en tête de chaque numéro du recueil.

En aucun cas cette interdiction ne peut s'appliquer aux articles de discussion politique ou à la reproduction des nouvelles du jour et des faits divers.

Art. 8. — En ce qui concerne la faculté de faire licitement des emprunts à des œuvres littéraires ou artistiques pour des publications destinées à l'enseignement ou ayant un caractère scientifique, ou pour des chrestomathies, est réservé l'effet de la législation des pays de l'Union et des arrangements particuliers existants ou à conclure entre eux.

Art. 9. — Les stipulations de l'article 2 s'appliquent à la représentation publique des œuvres dramatiques ou dramatico-musicales, que ces œuvres soient publiées ou non.

Les auteurs d'œuvres dramatiques ou dramatico-musicales, ou leurs ayants-cause, sont, pendant la durée de droit exclusif de traduction, réciproquement protégés contre la représentation publique non autorisée de la traduction de leurs ouvrages.

Les stipulations de l'article 2 s'appliquent également à

l'exécution publique des œuvres musicales non publiées, ou de celles qui ont été publiées, mais dont l'auteur a expressément déclaré sur le titre ou en tête de l'ouvrage qu'il en interdit l'exécution publique.

Art. 10. — Sont spécialement comprises parmi les reproductions illicites auxquelles s'applique la présente convention, les appropriations indirectes non autorisées d'un ouvrage littéraire ou artistique, désignées sous des noms divers tels que : adaptations, arrangements de musique, etc., lorsqu'elles ne sont que la reproduction d'un tel ouvrage, dans la même forme ou sous une autre forme, avec des changements, additions ou retranchements non essentiels, sans présenter d'ailleurs le caractère d'une nouvelle œuvre originale.

Il est entendu que, dans l'application du présent article, les tribunaux des divers pays de l'Union tiendront compte, s'il y a lieu, des réserves de leurs lois respectives.

Art. 11. — Pour que les auteurs des ouvrages protégés par la présente convention soient, jusqu'à preuve contraire, considérés comme tels et admis, en conséquence, devant les tribunaux des divers pays de l'Union, à exercer des poursuites contre les contrefaçons, il suffit que leur nom soit indiqué sur l'ouvrage en la manière usitée.

Pour les œuvres anonymes ou pseudonymes, l'éditeur dont le nom est indiqué sur l'ouvrage est fondé à sauvegarder les droits appartenant à l'auteur. Il est, sans autres preuves, réputé ayant-cause de l'auteur anonyme ou pseudonyme.

Il est entendu toutefois, que les tribunaux peuvent exiger, le cas échéant, la production d'un certificat délivré par l'autorité compétente constatant que les formalités prescrites, dans le sens de l'article 2, par la législation du pays d'origine, ont été remplies.

Art. 12. — Toute œuvre contrefaite peut être saisie à l'importation dans ceux des pays de l'Union où l'œuvre originale a droit à la protection légale.

La saisie a lieu conformément à la législation intérieure de chaque pays.

Art. 13. — Il est entendu que les dispositions de la présente convention ne peuvent porter préjudice, en quoi que ce soit, au droit qui appartient au gouvernement de chacun des pays de l'Union de permettre, de surveiller, d'interdire, par des mesures de législation ou de police intérieure, la circulation, la représentation, l'exposition de tout ouvrage ou production à l'égard desquels l'autorité compétente aurait à exercer ce droit.

Art. 14. — La présente convention, sous les réserves et conditions à déterminer d'un commun accord, s'applique à toutes les œuvres qui, au moment de son entrée en vigueur, ne sont pas encore tombées dans le domaine public dans leur pays d'origine.

Art. 15. — Il est entendu que les gouvernements des pays de l'Union se réservent respectivement le droit de prendre séparément, entre eux, des arrangements particuliers, en tant que ces arrangements conféreraient aux auteurs ou à leurs ayants-cause des droits plus étendus que ceux exercés par l'Union, ou qu'ils renfermeraient d'autres stipulations non contraires à la présente convention.

Art. 16. — Un office international est institué sous le nom de Bureau de l'Union internationale pour la protection des œuvres littéraires et artistiques.

Ce bureau, dont les frais sont supportés par les administrations de tous les pays de l'Union, est placé sous la haute autorité de l'administration supérieure de la Confédération suisse, et fonctionne sous sa surveillance. Les attributions en sont déterminées d'une commun accord entre les pays de l'Union.

Art. 17. — La présente convention peut être soumise à des révisions en vue d'y introduire les améliorations de nature à perfectionner le système de l'Union.

Les questions de cette nature, ainsi que celles qui intéressent à d'autres points de vue le développement de l'Union, seront traitées dans des conférences qui auront lieu successivement dans les pays de l'Union entre les délégués des dits pays.

Il est entendu qu'aucun changement à la présente convention ne sera valable pour l'Union que moyennant l'assentiment unanime des pays qui la composent.

Art. 18. — Les pays qui n'ont point pris part à la convention et qui assurent chez eux la protection légale des droits faisant l'objet de cette convention seront admis à y accéder sur leur demande.

Cette accession sera notifiée par écrit au gouvernement de la Confédération suisse, et par celui-ci à tous les autres.

Elle emportera de plein droit adhésion à toutes les clauses et admission à tous les avantages stipulés dans la convention.

Art. 19. — Les pays accédant à la présente convention ont aussi le droit d'y accéder en tous temps pour leurs colonies ou possessions étrangères.

Ils peuvent, à cet effet, soit faire une déclaration générale par laquelle toutes leurs colonies ou possessions sont comprises dans l'accession, soit nommer expressément celles qui y sont comprises, soit se borner à indiquer celles qui en sont exclues.

Art. 20. — La présente convention sera mise à exécution trois mois après l'échange des ratifications, et demeurera en vigueur pendant un temps indéterminé, jusqu'à l'expiration d'une année à partir du jour où la dénonciation en aura été faite.

Cette dénonciation sera adressée au gouvernement chargé de recevoir les accessions. Elle ne produira son effet qu'à l'égard du pays qui l'aura faite, la convention restant exécutoire pour les autres pays de l'Union.

Art. 21. — La présente convention sera ratifiée, et les ratifications en seront échangées à Berne, dans le délai d'un an au plus tard.

En foi de quoi les plénipotentiaires respectifs l'ont signée et y ont apposé le cachet de leurs armes.

Fait à Berne, le neuvième jour du mois de septembre de l'an mil huit cent quatre-vingt-six.

Pour la France, EMM. ARAGO.

Pour l'Allemagne, OTTON VON BULOW.

Pour la Belgique, MAURICE DELFOSSE.

Pour l'Espagne, Comte DE LA ALMINA; JOSÉ VILLA-AMIL Y CASTRO.

Pour la Grande-Bretagne, F.-O., ADAMS; J.-H.-G. BERGNE.

Pour Haïti, LOUIS-JOSEPH JANVIER.

Pour l'Italie, E. DI BECCARIA.

Pour Liberia, KŒNTZER.

Pour la Suisse, DROZ; L. RUCHONNET; A. D'ORELLI.

Pour la Tunisie, L. RENAULT.

Acte additionnel. — Les plénipotentiaires réunis pour signer la convention concernant la création d'une Union internationale pour la protection des œuvres littéraires et artistiques, sont convenus de l'article additionnel suivant, qui sera ratifié en même temps que l'acte auquel il se rapporte.

La convention conclue à la date de ce jour n'affecte en rien le maintien des conventions actuellement existantes entre les pays contractants, en tant que ces conventions confèrent aux auteurs ou à leurs ayants-cause des droits plus étendus que ceux accordés par l'Union, ou qu'elles renferment d'autres stipulations qui ne sont pas contraires à cette convention.

En foi de quoi les plénipotentiaires ont signé le présent article additionnel.

(Suivent la date et les signatures comme ci-dessus).

Protocole de clôture

Au moment de procéder à la signature de la convention conclue à la date de ce jour, les plénipotentiaires soussignés ont déclaré et stipulé ce qui suit :

Art. 1. — Au sujet de l'article 4, il est convenu que ceux des pays de l'Union où le caractère d'œuvres artistiques n'est pas refusé aux œuvres photographiques s'engagent à les admettre, à partir de la mise en vigueur de la convention conclue en date de ce jour, au bénéfice de ses dispositions. Ils ne sont d'ailleurs tenus de protéger les auteurs des dites œuvres, sauf les arrangements internationaux existants ou à conclure, que dans la mesure où leur législation permet de le faire.

Il est entendu que la photographie autorisée d'une œuvre d'art protégée jouit, dans tous les pays de l'Union, de la protection légale, au sens de ladite convention, aussi longtemps que dure le droit principal de reproduction de cette œuvre même, et dans les limites des conventions privées entre les ayants-droit.

Art. 2. — Au sujet de l'article 9, il est convenu que ceux des pays de l'Union dont la législation comprend implicitement, parmi les œuvres dramatico-musicales, les œuvres chorégra-phiques, admettent expressément les dites œuvres au bénéfice des dispositions de la convention conclue en date de ce jour.

Il est d'ailleurs entendu que les contestations qui s'élèveraient sur l'application de cette clause demeurent réservées à l'appréciation des tribunaux respectifs.

Art. 3. — Il est entendu que la fabrication et la vente des instruments servant à reproduire mécaniquement des airs de musique empruntés au domaine privé ne sont pas considérées comme constituant le fait de contrefaçon musicale.

Art. 4. — L'accord commun prévu à l'article 14 de la convention est déterminé ainsi qu'il suit :

L'application de la convention aux œuvres non tombées dans le domaine public au moment de sa mise en vigueur aura lieu suivant les stipulations y relatives contenues dans les conventions spéciales existantes ou à conclure à cet effet.

A défaut de semblables stipulations entre pays de l'Union, les pays respectifs règleront, chacun pour ce qui le concerne, par la législation intérieure, les modalités relatives à l'application du principe contenu à l'article 14.

Art. 5. — L'organisation du bureau international prévu à l'article 16 de la convention sera fixée par un règlement que le gouvernement de la Confédération suisse est chargé d'élaborer.

La langue officielle du bureau international sera la langue française.

Le bureau international centralisera les renseignements de toute nature relatifs à la protection des droits des auteurs sur leurs œuvres littéraires et artistiques. Il les coordonnera et les publiera. Il procédera aux études d'utilité commune intéressant l'Union et rédigera, à l'aide des documents qui seront mis à sa disposition par les diverses administrations, une feuille périodique, en langue française, sur les questions concernant l'objet de l'union. Les gouvernements des pays de l'Union se réservent d'autoriser, d'un commun accord, le bureau à publier une édition, dans une ou plusieurs autres langues, pour le cas où l'expérience en aurait démontré le besoin.

Le bureau international devra se tenir en tout temps à la disposition des membres de l'Union pour leur fournir, sur les questions relatives à la protection des œuvres littéraires et artistique, les renseignements spéciaux dont ils pourraient avoir besoin.

L'administration du pays où doit siéger une conférence préparera, avec le concours du bureau international, les travaux de cette conférence.

Le directeur du bureau international assistera aux séances des conférences et prendra part aux discussions sans voix délibérative. Il fera sur sa gestion un rapport annuel qui sera communiqué à tous les membres de l'Union.

Les dépenses du bureau de l'Union internationale seront supportées en commun par les pays contractants. Jusqu'à nouvelle décision, elles ne pourront pas dépasser la somme de soixante mille francs par année. Cette somme pourra être augmentée au besoin par simple décision d'une des conférences prévues par l'article 17.

Pour déterminer la part contributive de chacun des pays dans cette somme totale des frais, les pays contractants et ceux qui adhéreraient ultérieurement à l'Union seront divisés en six classes contribuant chacune dans la proportion d'un certain nombre d'unités, savoir :

1re classe.	25 unités.
2e —	20 —
3e —	15 —
4e —	10 —
5e —	5 —
6e —	3 —

Ces coefficients seront multipliés par le nombre des pays de chaque classe, et la somme des produits ainsi obtenus fournira le nombre d'unités par lequel la dépense totale pourra être divisée. Le quotient donnera le montant de l'unité de dépenses.

Chaque pays déclarera, au moment de son accession, dans lesquelles les susdites classes il demande à être rangé.

L'administration suisse préparera le budjet du bureau et en surveillera les dépenses, fera les avances nécessaires et établira le compte annuel qui sera communiqué à toutes les autres administrations.

Art. 6. — La prochaine conférence aura lieu à Paris dans le délai de quatre à six ans, à partir de l'entrée en vigueur de la convention.

Le gouvernement français en fixera la date dans ces limites, après avoir pris l'avis du bureau international.

Art. 7. — Il est convenu que, pour l'échange des ratifications prévu à l'article 21, chaque partie contractante remettra un seul instrument, qui sera déposé, avec ceux des autres pays, aux archives du gouvernement de la confédération suisse. Chaque partie recevra en retour un exemplaire du procès-verbal d'échange des ratifications signé par les plénipotentiaires qui y auront pris part.

Le présent protocole de clôture, qui sera ratifié en même temps que la convention conclue à la date de ce jour, sera considéré comme faisant partie intégrante de cette convention, et aura même force, valeur et durée.

En foi de quoi..... (suivent la date et les signatures comme ci-dessus).

Procès-verbal de signature

Les plénipotentiaires soussignés, réunis ce jour à l'effet de procéder à la signature de la convention concernant la création d'une Union internationale pour la protection des œuvres littéraires et artistiques, ont échangé les déclarations suivantes :

1° En ce qui concerne l'accession des colonies ou possessions étrangères prévues à l'article 19 de la convention ;

Les plénipotentiaires de Sa Majesté catholique le roi d'Espagne réservent pour leur gouvernement la faculté de faire connaître sa détermination au moment de l'échange des ratifications.

Le plénipotentiaire de la République Française déclare que l'accession de son pays emporte celle de toutes les colonies de la France.

Les plénipotentiaires de Sa Majesté Britannique déclarent que l'accession de la Grande-Bretagne à la convention pour la protection des œuvres littéraires et artistiques comprend le Royaume-Uni de la Grande-Bretagne et d'Irlande et toutes les colonies et possessions étrangères de Sa Majesté Britannique.

Ils réservent toutefois au gouvernement de Sa Majesté Britannique la faculté d'en annoncer en tout temps la dénonciation séparément pour une ou plusieurs des colonies ou possession suivantes, en la manière prévue par l'article 20, savoir : les Indes, le Dominion du Canada, Terre-Neuve, le Cap, Natal, la Nouvelle-Galles du Sud, Victoria, Queensland, la Tasmanie, l'Australie méridionale, l'Australie occidentale et la Nouvelle-Zélande.

2° En ce qui concerne la classification des pays de l'Union au point de vue de la part contributive aux frais du bureau international (chiffre 5 du protocole de clôture) ;

Les plénipotentiaires déclarent que leurs pays respectifs doivent être rangés dans les classes suivantes, savoir :

Allemagne . . . . . dans la 1ʳᵉ classe.
Belgique . . . . . — 3ᵉ —
Espagne . . . . . — 2ᵉ —

France	—	1e —
Grande-Bretagne . .	—	1e —
Haïti	—	5e —
Italie	—	1e —
Suisse.	—	3e —
Tunisie	—	6e —

Le plénipotentiaire de la République de Libéria déclare que les pouvoirs qu'il a de son gouvernement l'autorisent à signer la convention, mais qu'il n'a pas reçu d'instructions quant à la classe où le pays entend se ranger au point de vue de sa part contributive aux frais du bureau international. En conséquence, il réserve sur cette question la détermination de son gouvernement, qui la fera connaître lors de l'échange des ratifications.

En foi de quoi........ etc.

(Suivent les signatures comme ci-dessus).

III

Loi Espagnole relative à la propriété intellectuelle du 10 janvier 1879 (1)

Art. 1. — La propriété intellectuelle comprend, pour les effets de cette loi, les œuvres scientifiques, littéraires ou artistiques publiées par n'importe quel moyen.

Art. 2. — La propriété intellectuelle appartient :

1° Aux auteurs, à l'égard de leurs propres œuvres.

2° Aux traducteurs, à l'égard de leurs traductions si l'œuvre originale est étrangère et si les conventions internationales ne

1. Traduction faite par M. Luis Simoes de Fonseca, pour l'Association littéraire et artistique internationale, et corrigée par M. Clunet. V. *Etude sur la convention d'Union pour la protection des œuvres littéraires et artistiques,* 1887, p. 67.

l'interdisent pas ou si, étant espagnole, elle est tombée dans le domaine public, ou si, dans le cas contraire, on a obtenu la permission de l'auteur.

3º A ceux qui retouchent, copient, font des extraits, abrègent ou reproduisent des ouvrages originaux, à condition que, lesdits ouvrages étant espagnols, ces travaux se soient faits avec la permission de leurs propriétaires.

4º Aux éditeurs d'œuvres inédites qui n'ont pas de propriétaire connu ou de celles, aussi inédites, d'auteurs connus qui sont tombées dans le domaine public.

5º Aux ayants-droit de ceux antérieurement cités, dont les droits sont établis, soit par héritage, ou par tout autre titre translatif de propriété.

Art. 3. — Les bénéfices de cette loi sont aussi applicables :

1º Aux auteurs de cartes, plans ou dessins scientifiques.

2º Aux compositeurs de musique.

3º Aux auteurs d'œuvres d'art à l'égard de la reproduction par n'importe quel moyen.

4º Aux ayants-droit de ceux antérieurement cités.

Art. 4. — Les bénéfices de cette loi concernent aussi :

1º L'Etat et les corporations provinciales et municipales.

2º Les instituts scientifiques, littéraires, artistiques ou de toute autre classe légalement établis.

Art. 5. — La propriété intellectuelle sera régie par le droit commun sans autres restrictions que celles imposées par la loi.

Art. 6. — La propriété intellectuelle appartient aux auteurs durant leur vie et se transmet à leurs héritiers, testamentaires ou directs, pour la durée de 80 ans. Elle est aussi transmissible par actes entre vifs et appartiendra aux acquéreurs pendant la vie de l'auteur et 80 ans après sa mort s'il ne laisse aucun héritier réservataire. Mais s'il en laissait, le droit des

acquéreurs prendra fin 25 ans après la mort de l'auteur, et de-
viendra la propriété des dits héritiers réservataires pour le
temps de 55 ans.

Art. 7. — Personne ne pourra reproduire les œuvres d'au-
trui sans la permission de leur propriétaire, ni les annoter, y
faire des additions, ni améliorer l'édition ; mais chacun pourra
publier, comme son exclusive propriété, des commentaires,
critiques ou notes y référentes, mais seulement en y ajoutant
le texte corrélatif.

Si l'œuvre est musicale, la prohibition s'étendra également
à la publication totale ou partielle des mélodies, avec ou sans
accompagnement, transposées ou arrangées pour d'autres instruments ou avec un clef différente, ou sous quelque autre
forme qui ne soit pas celle publiée par l'auteur.

Art. 8. — La publication d'une œuvre n'est pas nécessaire
pour que la loi protège la propriété intellectuelle. Personne
n'a le droit de publier sans autorisation de l'auteur une production scientifique, littéraire ou artistique, qu'on l'ait sténo-
graphiée, annotée ou copiée pendant sa lecture, son exécution
ou exposition publique ou privée ; on ne pourra le faire non
plus pour les explications orales.

Art. 9. — L'aliénation d'une œuvre d'art, sauf pacte en sens
contraire, n'entraîne pas avec lui l'aliénation du droit de reproduction, ni celle du droit d'exposition publique de la même
œuvre, qui restent réservés à l'auteur ou à son ayant-droit.

Art. 10. — Pour pouvoir copier ou reproduire, dans les
mêmes ou autre dimensions, et par quelque moyen que ce soit,
les œuvres d'art originales existant dans des galeries publiques, pendant la vie de leurs auteurs, il faut le consentement
préalable de ceux-ci.

Discours parlementaires

Art. 11. — L'auteur est propriétaire de ses discours parlementaires et ils peuvent être seulement réimprimés sans son consentement ou celui de son ayant-droit dans le *Journal des Sessions* (Diario de las Sesiones) du corps législatif, et dans les journaux politiques.

Traductions

Art. 12. — Si la traduction se publie pour la première fois dans un pays étranger avec lequel il existe des traités pour la propriété intellectuelle, on se conformera aux stipulations qui y sont contenues pour résoudre les questions qui s'offriront, et dans le cas où il n'y aurait rien de résolu pour elles, conformément à la présente loi.

Art. 13. — Les propriétaires d'œuvres étrangères jouiront aussi en Espagne de cette qualité à la condition de se soumettre aux lois de leur pays respectif, mais ils pourront seulement obtenir la propriété des traductions des dites œuvres pendant le temps où ils jouiront de celle des originaux dans le même pays conformément à ses lois.

Art. 14. — Le traducteur d'une œuvre qui sera tombée dans le domaine public aura seulement la propriété de sa traduction et ne pourra s'opposer à ce que d'autres la traduisent de nouveau.

Art. 15. — Les droits que concède l'article 13 aux propriétaires d'œuvres étrangères en Espagne seront seulement applicables aux nations qui accordent aux propriétaires d'œuvres espagnoles une complète réciprocité.

Procès et causes judiciaires

Art. 16. — Les parties seront propriétaires des pièces, actes, etc., qu'on aura présentés en leur nom dans tout procès ou cause judiciaire ; mais ils ne pourront les publier sans obtenir la permission du tribunal qui aura prononcé la sentence, et qui l'accordera, quel qu'ait été le procès en cause si, à son avis, la publication n'offre aucun inconvénient, ni ne porte préjudice à aucune des parties.

Les avocats qui auront été autorisés à publier leurs plaidoyers et les pièces pourront les réunir en brochure avec l'autorisation du tribunal et le consentement de la partie adverse.

Art. 17. — Pour publier des copies ou extraits de cause ou de procès terminés, il faudra l'autorisation du tribunal qui aura rendu la sentence, lequel l'accordera ou non, sans aucun recours ultérieur.

Art. 18. — Si deux personnes ou plus sollicitent l'autorisation de publier des copies ou extraits de causes ou procès jugés, le tribunal pourra, selon la circonstance, accorder aux uns et refuser aux autres, ou imposer les restrictions qu'il jugera convenables.

Œuvres dramatiques et musicales

Art. 19. — Ne pourra être exécutée au théâtre ni dans aucun lieu public, en tout ou en partie, aucune composition dramatique ou musicale sans le consentement préalable du propriétaire.

Les effets de ces articles atteignent les représentations données par des sociétés constituées sous quelque forme que ce soit, dès qu'il y a une contribution pécuniaire.

Art. 20. — Les propriétaires d'œuvres dramatiques ou musicales peuvent fixer librement les droits de représentation en accordant leur permission ; mais s'ils ne les fixent pas, ils pourront seulement réclamer ceux établis par les règlements.

Art. 21. — Personne ne pourra faire, vendre ni louer aucune copie, sans l'autorisation du propriétaire, des œuvres dramatiques ou musicales qui, après avoir été représentées en public, n'auraient pas été imprimées.

Art. 22. — Sur les droits de représentation de toute œuvre lyrico-dramatique, une moitié appartiendra au propriétaire du livret et l'autre moitié à celui de la musique à moins d'accord préalable en sens différent.

Art. 23. — L'auteur d'un livret ou composition quelconque mise en musique et exécutée en public sera maître exclusif d'imprimer et vendre son œuvre littéraire séparément de la musique et le compositeur de la dite musique pourra agir de même avec son œuvre musicale.

Dans le cas où l'auteur d'un livret empêcherait complètement sa représentation, l'auteur de la musique pourra l'appliquer à une nouvelle œuvre dramatique.

Art. 24. — Les entreprises, sociétés ou particuliers qui, en procédant à l'exécution en public d'une œuvre dramatique ou musicale, l'annoncent en changeant son titre, en supprimant, altérant ou ajoutant quelques-uns de ses passages sans autorisation préalable de l'auteur, seront considérés comme usurpateurs de la propriété intellectuelle.

Art. 25. — L'exécution, non autorisée, d'une œuvre dramatique ou musicale en lieu public sera punie des peines établies dans le code et avec la perte du produit total de l'entrée qui sera remis intégralement au propriétaire de l'œuvre exécutée.

Œuvres anonymes

Art. 26. — Les éditeurs d'œuvres anonymes ou pseudonymes auront à l'égard de celles ci les mêmes droits que les auteurs ou traducteurs sur les leurs, tant qu'on ne prouvera pas légalement quel est l'auteur ou traducteur oublié ou caché. Si le fait se prouve, l'auteur ou le traducteur ou leurs ayants-droit se substitueront dans tous leurs droits aux éditeurs d'œuvres anonymes ou pseudonymes.

Œuvres posthumes

Art. 27. — Sont considérées comme œuvres posthumes, en outre de celles non publiées pendant la vie de l'auteur, celles qui l'auraient été pendant ce temps, si le même auteur, à sa mort, les laissse retouchées, augmentées, annotées ou corrigées.de telle façon qu'elles puissent être réputées œuvres nouvelles. En cas de contestation devant les tribunaux, une décision arbitrale précédera la décision judiciaire.

Collections législatives

Art. 28. — Les lois, décrets, ordonnances royales, règlements et autres dispositions émanant des pouvoirs publics, peuvent s'insérer dans les journaux et dans d'autres œuvres dans lesquelles, par leur nature ou objet, il convient de les citer, cómmenter, critiquer ou copier à la lettre ; mais personne ne pourra les publier seuls, ni en collection, sans la permission expresse du gouvernement.

Journaux

Art. 29. — Les propriétaires de journaux qui voudront s'en assurer la propriété et les assimiler aux productions littéraires pour la jouissance des bénéfices de cette loi présenteront, à la fin de chaque année, dans le registre de la propriété intellectuelle, trois collections des numéros publiés pendant la même année.

Art. 30. — L'auteur ou traducteur d'écrits qui auraient été insérés, ou à l'avenir seraient insérés, dans des publications périodiques, ou ses ayants-droit, pourront les publier en collection, choisie ou complète, si une convention contraire n'est pas intervenue entre eux et le propriétaire du journal.

Art. 31. — Les écrits et télégrammes insérés dans des publications périodiques pourront être reproduits par tout autre journal, à moins que la publication originale n'ait été précédée ou suivie d'une mention d'interdiction ; mais on devra toujours indiquer le titre du journal où a eu lieu la production originale.

Collections

Art. 32. — L'auteur ou traducteur de diverses œuvres scientifiques, littéraires ou artistiques, peut les publier toutes ou plusieurs d'entre elles en collection, même s'il les a aliénées partiellement.

L'auteur de discours lus dans les académies royales ou autres corporations peut les publier en collection ou séparément.

Les académiciens jouissent de la même faculté à l'égard des autres écrits rédigés avec la permission ou par ordre des

dites académies excepté ceux qui appartiennent indéfiniment
à celles-ci comme destinés à l'enseignement spécial et cons-
tant de leur institut respectif.

Enregistrement

Art. 33. — Un registre générale de la propriété intellectuelle sera établie au ministère de l'intérieur. Dans toutes les
bibliothèques provinciales et dans celles de l'Institut d'enseignement secondaire des capitales de province, où les dites
bibliothèques manquent, on ouvrira un registre dans lequel
on notera par ordre chronologique les œuvres scientifiques,
littéraires ou artistiques qui y seront présentées pour l'objet
de la présente loi ; on inscrira également dans ce registre les
gravures, lithographies, plans d'architecture, cartes géographiques ou géologiques et, en général, tout dessin de caractère artistique ou scientifique.

Art. 34.— Les propriétaires des œuvres citées dans l'article
antérieur remettront signés, aux bibliothèques respectives,
trois exemplaires de chacune des dites œuvres, un devant
rester dans la même bibliothèque provinciale ou de l'Institut,
un autre pour le ministère de l'Intérieur, et le troisième pour
la bibliothèque nationale.

Après avoir obtenu des chefs de bibliothèque le reçu cor-
respondant et le certificat de l'inscription des œuvres au registre provincial, les propriétaires s'adresseront au gouvernement
civil afin que celui-ci fasse part au ministre de l'Intérieur de
l'inscription réalisée, et lui remette les deux exemplaires qui
dans tous les cas appartiennent au ministère lui-même et à la
bibliothèque nationale.

Les gouvernements civils enverront chaque semestre à la
direction générale de l'instruction publique un état des ins-

criptions effectuées et de leurs changements ultérieurs, pour former le registre général de la propriété intellectuelle.

Art. 35. — Les auteurs des œuvres scientifiques, littéraires ou artistiques seront exempts de tout impôt, contribution ou obligation résultant de l'inscription sur le registre général de la propriété intellectuelle.

Les lois fixeront l'impôt qui pèsera sur la transmission de ladite propriété.

Art. 36. — Pour jouir des bénéfices de cette loi, il est nécessaire d'avoir mentionné sur le régistre de la propriété intellectuelle le droit qu'on y a, conformément à ce qui a été établi par les articles antérieurs.

Quand une œuvre dramatique ou musicale aura été représentée en public, mais non imprimée, il suffira, pour jouir de ce droit, de présenter un seul exemplaire manuscrit de la partie littéraire, et un autre de même sorte des mélodies avec leur basse correspondante dans la partie musicale.

Le délai, pour effectuer l'inscription, sera d'une année à partir du jour de la publication de l'œuvre ; mais le propriétaire jouira des bénéfices de cette loi depuis le jour où commencera la publication et il les perdra seulement s'il ne remplit pas les conditions requises pendant l'année fixée pour l'inscription.

Art. 37. — Les tableaux, statues, les bas ou hauts reliefs, les modèles d'architecture ou de topographie, et en général toutes les œuvres de peinture, de sculpture ou de plastique sont dispensés de l'obligation du régistre et du dépôt.

Mais, pour cela, leurs propriétaires ne cessent pas de jouir de tous les bénéfices que concèdent cette loi et le droit commun à la propriété intellectuelle.

Règles relatives à la déchéance (caducidad).

Art. 38. — Toute œuvre non inscrite sur le régistre de la propriété intellectuelle pourra être publiée de nouveau, réimprimée par l'Etat, les corporations scientifiques ou les particuliers pendant dix années à partir du jour de l'expiration du délai d'inscription.

Art. 39. — S'il s'écoule une année en plus, après les dix, sans que ni l'auteur, ni son ayant-droit n'inscrivent l'œuvre sur le registre, cette œuvre tombera définitivement et absolument dans le domaine public.

Art. 40. — Les œuvres non publiées de nouveau par leur propriétaire pendant vingt années tomberont dans le domaine public, et l'Etat, les corporations scientifiques ou les particuliers pourront les reproduire sans les altérer, mais personne ne pourra s'opposer à ce que d'autres les reproduisent aussi.

Art. 41. — Une œuvre ne tombera pas dans le domaine public, même après vingt années :

1º Quand l'œuvre étant dramatique, lyrico-dramatique ou musicale, après avoir été exécutée en public et la copie manuscrite déposée sur le régistre, elle n'aura pas été imprimée par son propriétaire ;

2º Quand, après l'impression et la mise en vente de l'œuvre conformément à la loi, il s'écoule vingt années sans qu'elle ait été réimprimée, parce que son propriétaire aurait jugé que, pendant ce temps, il y en aurait eu assez d'exemplaires en vente publique.

Art. 42. — Pour qu'une œuvre tombe dans le domaine public dans le cas exprimé par l'article 40, il faut qu'elle soit l'objet d'une déclaration inscrite dans le régistre de la propriété, et qu'en vertu de cette déclaration, le gouvernement somme le propriétaire de la réimprimer, en lui fixant à cet effet le délai d'une année.

Art. 43. — Quand les œuvres se publieront par parties successives et non en une seule fois, les délais désignés par les articles 38, 39 et 40 partiront du jour où l'œuvre sera terminée.

Art. 44. — Les articles 38, 39 et 40 n'auront pas d'application quand l'auteur qui conserve la propriété de l'œuvre, avant l'expiration des délais fixés par ces articles, manifestera, par un acte public, sa volonté que l'œuvre ne soit pas publiée. Le même droit, exercé dans la même forme, appartient à l'héritier, s'il agit d'accord avec un conseil de famille constitué de la manière qu'établira le règlement.

Pénalités.

Art. 45. — En cas de fraudes au détriment de la propriété intellectuelle commises au moyen de la publication des œuvres auxquelles se réfère la présente loi, celui qui sera convaincu d'en être l'auteur sera responsable en premier lieu, et, à défaut de celui-ci, successivement l'éditeur et l'imprimeur, sauf preuve en sens contraire de leur non culpabilité respective.

Art. 46. — Les usurpateurs de la propriété intellectuelle, en outre des peines que fixent l'article 552 et corrélatifs du code pénal en vigueur, encourront la perte de tous les exemplaires illégalement publiés, qui seront remis au propriétaire lésé.

Art. 47. — La disposition antérieure sera applicable :

1° A ceux qui reproduiront en Espagne les œuvres de propriété particulière imprimées en espagnol pour la première fois en pays étranger ;

2° A ceux qui contreferont le titre ou frontispice de quelque œuvre que ce soit, ou imprimeront que l'édition s'est faite en Espagne, si elle s'est faite en pays étranger ;

3° A ceux qui imiteront les dits titres de manière que le nouveau puisse être confondu avec l'ancien, selon le jugement des tribunaux ;

4° A ceux qui importeront de l'étranger des œuvres dans lesquelles se sera produite l'usurpation avec la fraude des droits de douane, et sans préjudice de responsabilité fiscale ;

5° A ceux qui, par n'importe quel moyen, porteront préjudice à des auteurs étrangers, quand, entre l'Espagne et le pays où les dits auteurs sont sujets, il y a réciprocité.

Art. 48. — Seront circonstances aggravantes de l'usurpation :

1° Le changement de titre d'une œuvre ou l'altération de son texte pour la publier ;

2° La reproduction à l'étranger, si elle s'introduit après en Espagne, et plus encore, si on change le titre ou altère le texte.

Art. 49. — Les tribunaux ordinaires appliqueront les articles compris dans ce titre dans la partie qui sera de leur compétence.

Les gouverneurs de province, dans les localités où ceux-ci ne résideraient pas, les alcades décréteront, sur l'instance du propriétaire d'une œuvre dramatique ou musicale ou de son représentant, la suspension de l'exécution de ladite œuvre ou le dépôt du produit de l'entrée si elle suffit à garantir les droits de propriété de l'œuvre mentionnée. Si le produit ne suffit pas pour cet objet, l'intéressé pourra porter devant les tribunaux l'action judiciaire.

Droit international.

Art. 50. — Les ressortissants d'états dont la législation re_
connaît aux espagnols le droit de propriété intellectuelle dans
les termes établis par cette loi, jouiront en Espagne des droits
que ladite loi lui accorde, sans nécessité de traité ni d'intervention diplomatique moyennant l'action privée portée devant le juge compétent.

Art. 51. — Dans le mois qui suivra celui de la promulgation de cette loi, le gouvernement dénoncera les traités de
propriété littéraire passés avec la France, l'Angleterre, la
Belgique, la Sardaigne, le Portugal, les Pays-Bas et tâchera
ensuite d'en ajouter de nouveaux avec autant de nations qu'il
sera possible en conformité des prescriptions de cette loi et
selon les bases suivantes :

1° Complète réciprocité entre les deux parties contractantes.

2° Obligation de se traiter mutuellement comme la nation
la plus favorisée.

3° Tout auteur ou son ayant-droit qui assurera selon les
conditions légalement requises son droit de propriété dans
l'un des deux pays contractants l'aura assuré dans l'autre,
sans de nouvelles formalités.

4° Sont interdites dans chaque pays l'impression, vente.
importation et exportation d'œuvres en idiôme ou dialectes de
l'autre pays, sauf l'autorisation du propriétaire de l'ouvrage
original.

Effets légaux.

Art. 52. — Les effets et bénéfices de cette loi atteignent,
sauf les droits acquis sous les lois antérieurs :

1° Les œuvres dont la publication est commencée depuis le jour de la promulgation de cette loi.

2° Les œuvres qui audit jour ne seraient pas tombées dans le domaine public.

3° Les œuvres qui, bien que tombées dans le domaine public, seraient recouvrées par les auteurs ou traducteurs, ou par leurs héritiers conformément aux prescriptions de cette loi.

Transition de l'ancien au nouveau système.

Art. 53. — La plus grande durée que recevra par cette loi la propriété intellectuelle profitera aux auteurs d'œuvres de toutes sortes et à leurs héritiers. Elle profitera également aux acquéreurs dans les termes établis par l'article 6.

Art. 54. — Les auteurs ou leurs ayants-droit qui, conformément à la présente loi, sont en situation de revendiquer la propriété intellectuelle, pourront inscrire ce droit dans le registre officiel.

Art. 55. — Les successeurs jusqu'au 4e degré des auteurs d'œuvres qui seraient tombées dans le domaine public pourront recouvrer le droit de propriété intellectuelle pour le temps qui manque à l'accomplissement des 80 années accordées par la présente loi, s'ils remplissent pour leur part les formalités requises par elle ; mais ils devront indemniser les éditeurs qui posséderaient lesdites œuvres imprimées de la valeur qu'à jugement d'experts auraient les exemplaires que l'on aurait inscrits sur le registre dans les deux mois suivant la promulgation de la présente loi.

Art. 56. — Cette loi régira les îles de Cuba et de Puerto-Rico dans les trois mois de sa promulgation à Madrid, et, dans les six mois à compter de cette même promulgation, dans l'archipel des Philippines.

Art. 57. — Le gouvernement publiera le règlement et autres dispositions nécessaires pour l'exécution de cette loi.

IV

Loi belge du 22 mars 1886 sur le droit d'auteur.

Section I. — *Du droit d'auteur en général.*

Art. 1er. — L'auteur d'une œuvre littéraire ou artistique a seul le droit de la reproduire ou d'en autoriser la reproduction, de quelque manière et sous quelque forme que ce soit.

Art. 2. — Ce droit se prolonge pendant 50 ans après le décès de l'auteur au profit de ses héritiers ou ayants droit.

Art. 3. — Le droit d'auteur est mobilier, cessible et transmissible, en tout ou en partie, conformément aux règles du code civil.

Art. 4. — Les propriétaires d'un ouvrage posthume jouissent du droit d'auteur pendant 50 ans à partir du jour où il est publié, représenté, exécuté ou exposé. Un arrêté royal déterminera la manière dont sera constatée la date à partir de laquelle le terme de cinquante ans prendra cours.

Art. 5. — Lorsque l'œuvre est le produit d'une collaboration, le droit d'auteur existe au profit de tous les ayants droit jusque cinquante ans après la mort du survivant des collaborateurs.

Art. 6. — Lorsque le droit d'auteur est indivis, l'exercice de ce droit est réglé par les conventions. A défaut de conventions aucun des copropriétaires ne peut l'exercer isolément, sauf aux tribunaux à prononcer en cas de désaccord.

Toutefois chacun des propriétaires reste libre de poursuivre, en son nom et sans l'intervention des autres, l'atteinte qui serait portée au droit d'auteur et de réclamer des dommages intérêts pour sa part.

Les tribunaux pourront toujours subordonner l'autorisation de publier l'œuvre à telles mesures qu'ils jugeront utile de prescrire : il pourront décider, à la demande du copropriétaire opposant, que celui-ci ne participera ni aux frais, ni aux bénéfices de la publication ou que le nom du collaborateur ne figurera pas sur l'œuvre.

Art. 7. — L'éditeur d'un ouvrage anonyme ou pseudonyme, est réputé, à l'égard des tiers, en être l'auteur.

Dès que celui-ci se fait connaître, il reprend l'exercice de son droit.

Art. 8. — Le cessionnaire du droit d'auteur ou de l'objet qui matérialise une œuvre de littérature, de musique ou des arts du dessin, ne peut modifier l'œuvre, pour la vendre ou l'exploiter, ni exposer publiquement l'œuvre modifiée, sans le consentement de l'auteur ou de ses ayants cause.

Art. 9. — Sont toujours insaisissables, les œuvres littéraires ou musicales, tant qu'elles sont inédites, et, du vivant de l'auteur, les autres œuvres d'art, tant qu'elles ne sont pas prêtes pour la vente ou la publication.

Section II. — *Du droit d'auteur sur les œuvres littéraires.*

Art. 10. — Le droit d'auteur s'applique non seulement aux écrits de tout genre, mais aux leçons, sermons, conférences, discours ou à toute autre manifestation orale de la pensée.

Toutefois les discours prononcés dans les assemblées délibérantes, dans les audiences publiques des tribunaux, ou dans les réunions politiques, peuvent être librement publiés ; mais à l'auteur seul appartient le droit de les tirer à part.

Art. 11. — Les actes officiels de l'autorité ne donnent pas lieu au droit d'auteur.

Toutes les autres publications faites par l'Etat ou les administrations publiques, donnent lieu au droit d'auteur, soit au profit de l'Etat ou de ces administrations, pendant une durée de cinquante ans, à partir de leur date, soit au profit de l'auteur, s'il ne l'a pas aliéné en faveur de l'Etat ou de ces administrations.

Un arrêté royal déterminera la manière dont sera constatée la date de la publication.

Art. 12. — Le droit de l'auteur sur une œuvre littéraire comprend le droit exclusif d'en faire ou d'en autoriser la traduction.

Art. 13. — Le droit de l'auteur n'exclut pas le droit de faire des citations lorsqu'elles ont lieu dans un but de critique, de polémique ou d'enseignement.

Art. 14. — Tout journal peut reproduire un article publié dans un autre journal, à la condition d'en indiquer la source, à moins que cet article ne porte la mention spéciale que la reproduction en est interdite.

Art. 15. — Le droit de représentation d'une œuvre littéraire est réglé conformément aux dispositions relatives aux œuvres musicales.

Section III. — *Du droit d'auteur sur les œuvres musicales.*

Art. 16. — Aucune œuvre musicale ne peut être publiquement exécutée ou représentée, en tout ou en partie, sans le consentement de l'auteur.

Art. 17. — Le droit d'auteur sur les compositions musicales

comprend le droit exclusif de faire des arrangements sur des motifs de l'œuvre originale.

Art. 18. — Lorsqu'il s'agit d'ouvrages qui se composent de paroles ou de livrets et de musique, le compositeur et l'auteur ne pourront traiter de leur œuvre avec un collaborateur nouveau. Néanmoins ils auront le droit de l'exploiter isolément par des publications, des traductions ou des exécutions publiques.

SECTION IV. — *Du droit d'auteur sur les œuvres plastiques.*

Art. 19. — La cession d'un objet d'art n'entraîne pas cession du droit de reproduction au profit de l'acquéreur.

Art. 20. — Ni l'auteur, ni le propriétaire d'un portrait n'a le droit de le reproduire ou de l'exposer publiquement sans l'assentiment de la personne représentée ou celui de ses ayants droit, pendant vingt ans à partir de son décès. Moyennant ledit assentiment, le propriétaire a le droit de reproduction, sans toutefois que la copie puisse porter l'indication d'un nom d'auteur.

Art. 21. — L'œuvre d'art reproduite par des procédés industriels ou appliquée à l'industrie reste néanmoins soumise aux dispositions de la présente loi.

SECTION V. — *De la contrefaçon et de sa répression.*

Art. 22. — Toute atteinte méchante ou frauduleuse portée au droit d'auteur constitue le délit de contrefaçon.

Ceux qui, avec connaissance, vendent, exposent en vente, tiennent dans leurs magasins pour être vendus, ou introduisent sur le territoire belge dans un but commercial les ouvrages contrefaits, sont coupables du même délit.

Art. 23. — Les délits prévus à l'article précédent seront punis d'une amende de 26 à 2000 fr.

La confiscation des ouvrages ou objets contrefaits, de même que celle des planches, moules ou matrices et autres ustensiles ayant directement servi à commettre ces délits, sera prononcée contre les condamnés.

Art. 24. — En cas d'exécution ou de représentation faite en fraude des droits de l'auteur, les recettes pourront être saisies par la police judiciaire comme objets provenant du délit, et seront allouées au réclamant, à valoir sur les réparations lui revenant, mais seulement en proportion de la part que son œuvre aura eue dans la représentation ou l'exécution.

Art. 25. — L'application méchante ou frauduleuse sur un objet d'art, un ouvrage de littérature ou de musique, du nom d'un auteur, ou de tout signe distinctif adopté par lui pour désigner son œuvre, sera punie d'un emprisonnement de trois mois à deux ans et d'une amende de 100 à 2000 francs ou de l'une de ces peines seulement.

La confiscation des objets contrefaits sera prononcée dans tous les cas.

Ceux qui, avec connaissance, vendent, exposent en vente, tiennent dans leurs magasins ou introduisent sur le territoire belge, pour être vendus, les objets désignés dans le paragraphe premier, seront punis des mêmes peines.

Art. 26. — Les infractions à la présente loi, sauf celles prévues par l'article 25, ne peuvent être poursuivies que sur la plainte de la personne qui se prétend lésée.

Art. 27. — S'il existe des circonstances atténuantes, les peines d'emprisonnement et d'amendes comminées par la présente loi pourront être réduites conformément à l'article 85 du code pénal.

Art. 28. — La disposition suivante est ajoutée au n° 23 de l'article 1ᵉʳ de la loi du 15 mars 1874 sur les extraditions : « ... ainsi que pour le délit prévu par l'article 25 de la loi sur le droit d'auteur ».

SECTION IV. — *Action civile résultant du droit d'auteur.*

Art. 29. — Les titulaires du droit d'auteur pourront, avec l'autorisation du président du tribunal de première instance du lieu de la contrefaçon, obtenue sur requête, faire procéder par un ou plusieurs experts, que désignera ce magistrat, à la description des objets prétendus contrefaits ou des faits de la contrefaçon et des ustensiles qui ont directement servi à les accomplir.

Le président pourra, par la même ordonnance, faire défense aux détenteurs des objets contrefaits de s'en dessaisir, permettre de constituer gardien ou même de mettre les objets sous scellés. Cette ordonnance sera signifiée par un huissier à ce commis. S'il s'agit de faits qui donnent lieu à recettes, le président pourra autoriser la saisie conservatoire des deniers par un huissier qu'il commettra.

Art. 30. — La requête contiendra élection de domicile dans les communes où doit avoir lieu la description.

Les experts prêteront serment entre les mains du président, avant de commencer leurs opérations.

Art. 31. — Le président pourra imposer au requérant l'obligation de consigner un cautionnement. Dans ce cas, l'ordonnance ne sera délivrée que sur la preuve de la consignation faite. Le cautionnnement sera toujours imposé à l'étranger.

Art. 32. — Les parties pourront être présentes à la description, si elles y sont spécialement autorisées par le président.

Art. 33. — Si les portes sont fermées ou si l'ouverture en

est refusée, il est opéré conformément à l'article 587 du code de procédure civile.

Art. 34. — Copie du procès-verbal de description sera envoyée par les experts, sous pli recommandé, dans le plus bref délai, au saisi et au saisissant.

Art. 35. — Si dans la huitaine de la date de cet envoi constaté par le timbre de la poste, ou de la saisie conservatoire des recettes, il n'y a pas eu assignation devant le tribunal dans le ressort duquel la description a été faite, l'ordonnance cessera de plein droit ses effets et le détenteur des objets décrits ou des deniers saisis pourra réclamer la remise de l'original du procès-verbal avec défense au requérant de faire usage de son contexte et de le rendre public, le tout sans préjudice des dommages-intérêts.

Art. 36. — La juridiction consulaire ne connaît point des actions dérivant de la présente loi.

La cause sera jugée comme affaire sommaire et urgente.

Art. 37. Les recettes et les objets confisqués pourront être alloués à la partie civile à compte ou à concurrence du préjudice souffert.

Section VII. — *Droits des étrangers.*

Art. 38. — Les étrangers jouissent en Belgique des droits garantis par la présente loi, sans que la durée de ceux-ci puisse, en ce qui les concerne, excéder la durée fixée par la loi belge. Toutefois, s'ils viennent à expirer plus tôt dans leur pays, ils cesseront au même moment en Belgique.

Section VIII. — *Disposition transitoire.*

Art. 39. — Il n'est porté aucune atteinte aux contrats sur la matière légalement formés sous l'empire des lois antérieures.

Les auteurs ou leurs héritiers dont les droits exclusifs, résultant de ces lois, ne seront pas épuisés au moment de la publication de la présente loi, seront pour l'avenir régis par celle-ci. Si avant cette publication ils ont cédé la totalité de leurs droits, ceux-ci resteront soumis aux lois en vigueur au moment de la cession.

Section IX. — *Abrogation de la législation existante.*

Art. 40. — Sont abrogées toutes dispositions antérieures relatives au droit d'auteur réglé par la présente loi.

Arrêté royal du 27 mars 1886, rendu pour l'exécution des articles 4 et 11 de la loi du 22 mars 1886 sur le droit d'auteur.

Art. 1er. — Il est ouvert au département l'agriculture, de l'industrie et des travaux publics, des registres spéciaux pour l'enregistrement.

A. Des œuvres posthumes littéraires, musicales ou des arts plastiques, publiées, représentées, exécutées ou exposées à partir du 5 avril prochain et dont les propriétaires ou ayants droits voudront s'assurer le bénéfice de l'article 4 de la loi du 22 mars 1886.

B. Des publications faites par l'Etat ou les administrations publiques et dont le droit d'auteur stipulé à l'article 12 sera réservé.

Art. 2. — L'enregistrement dont il est question à l'article 1er ci-dessus devra, sous peine de déchéance, être requis dans les six mois à partir soit de la publication, de la représentation ou de l'exécution, s'il s'agit d'une œuvre littéraire, dramatique ou musicale, soit de l'exposition, s'il s'agit d'une œuvre appartenant aux arts plastiques.

Art. 3. — Les intéressés recevront un certificat de l'enregistrement qu'ils auront requis.

Art. 4. — Notre ministre de l'agriculture, de l'industrie et des travaux publics, chargé de l'exécution du présent arrêté, déterminera la forme des registres des déclarations et certificats d'enregistrement dont il est question aux articles précédents.

TABLE DES MATIÈRES

DEUXIÈME PARTIE

CONTREFAÇON ET FAITS ASSIMILÉS A LA CONTREFAÇON

TROISIÈME PARTIE

SANCTION ET FORMALITÉS

ANNEXES

Paris. — Imp. des Ecoles, HENRI JOUVE, 23, rue Racine.